Bill O'Hanlon / Sandy Beadle

Das wär' was!

Ein Wegweiser ins Möglichkeiten-Land

Danksagung

Wir möchten danken:

Doug HAGLEY für seine unschätzbare Unterstützung bei graphischen Entwürfen, der Buch-Konstruktion, der Botanik und in zufälligen Zeiten der Panik,

Dotty DECKER, Mickey PRICE und Pat HUDSON für ihre Hilfe bei ersten Versionen des Textes,

Mary NATHAN dafür, daß sie alle Kleinigkeiten managte und uns ein organisiertes Arbeiten ermöglichte,

Bills KlientInnen, StudentInnen und Supervisees (Danke, ich bin ein langsamer Lerner, aber – manchmal – lerne ich wirklich.)

und Euch allen, die Ihr geholfen habt, daß dies möglich wurde – Ihr wißt, wen ich meine – manchmal.

Bill O'Hanlon
Sandy Beadle

Das wär' was!

Ein Wegweiser ins Möglichkeiten-Land

**51 Methoden
für eine kurze
und respektvolle Therapie**

borgmann

Für Steffanie, die mich auf ganz neue Möglichkeiten brachte.
Meine Seele dankt Dir aus der Tiefe ihres kleinen Herzens.
Und für meine Schwester Suzanne, die immer an meine Möglichkeiten glaubte.

Und auch für Bill Bronson, der die Möglichkeiten sah.

Das Buch erschien 1997 unter dem Titel *A Field Guide to Possibility Land: Possibility Therapy Methods. 51 Methods for doing brief, respectful therapy* bei Possibility Press, Omaha, NE.

Aus dem Englischen übersetzt von Wolfgang Loth (Bergisch Gladbach) und Jürgen Hargens (Meyn).

Herausgegeben von Jürgen Hargens

Titelentwurf: Sandy Beadle
Illustrationen: Brad's Favorite Clip Art und Sandy Beadle
Gesamtherstellung: Löer Druck GmbH, Dortmund

Bestell-Nr. 8389 ISBN 3-86145-151-4

Inhalt

Das wär' was!

Ein Wegweiser ins Möglichkeiten-Land

Vor-Worte

Willkommen im Möglichkeiten-Land!

Wir möchten Ihnen einige Geschichten über dieses Buch erzählen, über diese Therapie und über einige interessante Dinge, die geschehen.

Zuallererst, dieses Buch handelt von Möglichkeiten-Therapie, falls Sie sich darüber wundern sollten. Sie werden mehr darüber erfahren, wenn wir vorangehen, aber kurz gesagt, bietet diese Therapie folgendes:

- Erprobte und praktische Methoden.
- Einen neuen, stärker zukunfts- und handlungsorientierten Ansatz.
- Eine Möglichkeit, TherapeutIn wie KlientIn zu ermutigen, Neues auszuprobieren und auf eine neue Art mit dem zu experimentieren, was für die KlientIn funktioniert.
- Und eine Einladung, nahe am wirklichen Leben zu bleiben und sich dem abstrakten Theorie-Land fernzuhalten.

Warum dieses Buch so ungewöhnlich aussieht

Was finden Sie, wenn Sie ein Psychotherapie-Buch mit einem Führer für nordamerikanische Blumen, Vögel und Küchengeräten kreuzen? Hmmm... Heilflüge ausgefallener Kochkunst? Einen guten Nachtisch nach dem anderen?

Nun ja, wir hoffen, Sie finden einige nützliche und erfreuliche Neuigkeiten in unserer ungewöhnlichen Sammlung! Und wirklich, dieses Zusammenwerfen zweier so grundlegend unterschiedlicher Buchformen ist kein Zufall – wir haben tatsächlich einen Plan!

Einige vernünftigere Argumente, die dahinterstecken:

1. Wir wollten die Informationsmenge in kleine Packen zergliedern, damit es einfacher wird, sie zu unterscheiden, sie zu erinnern und sie als Bezugspunkt zu nutzen. Deshalb folgt alles Schritt-für-Schritt bzw. Methode-nach-Methode.
2. Wir wollten Bilder verwenden, Seiten-Gestaltungsmöglichkeiten und Humor, um ein Buch über Psychotherapie freundlicher und leichter zu machen, als es üblicherweise der Fall ist. Jede Methode, die wir vorstellen, ist mit einem visuellen Objekt verbunden. (Nein, das hat keine verborgene Bedeu-

tung, aber wir – mit unserem komischen Sinn für Humor – meinen, einige sind einfach lustig.) Wir haben das getan, weil ein visuelles Objekt, selbst ein ganz zufällig ausgewähltes, eine kleine Eselsbrücke schafft, um sich daran zu erinnern.

3. Weil wir es so gestalten wollten, daß es TherapeutInnen leichter fällt, kleine Versuche, Experimente und Erklärungen zu machen, um herauszufinden, was bei einer bestimmten KlientIn funktioniert.

Die Kapitel folgen grob gesehen dem Ablauf einer therapeutischen Sitzung: Methoden, die wir am Anfang einer typischen Sitzung einsetzen könnten (und – natürlich, klar – es gibt gar nicht so etwas wie eine typische Sitzung), finden sich in den ersten Kapiteln und solche, die eher am Ende verwendet werden, erscheinen in späteren Kapiteln.

Wie diese Art der Psychotherapie zustande kam

Bill: Ich möchte Ihnen eine Geschichte davon erzählen, wie ich mit diesem Ganzen anfing und über die Grundanschauungen. Ich bin auf einem sehr persönlichen Weg dazu gekommen. Im Jahre 1971 beschloß ich, mich umzubringen. Das scheint eine sehr ungewöhnliche Einleitung für einen Feldführer, der Sie inspirieren soll, aber das ist der Punkt, wo für mich alles anfing. Zu der Zeit damals war ich sehr deprimiert und einsam. Ich sah keine Möglichkeiten für die Zukunft – außer der, daß die Qualen und Leiden der Vergangenheit weitergingen. Ich sah mich selbst als einen „Poeten" und wollte nicht für meinen Lebensunterhalt arbeiten. Ich war von der Heuchelei, die ich in der Gesellschaft und bei den Leuten, die ich kannte, sah, enttäuscht und desillusioniert. Ich hatte den Eindruck, daß meine Nerven blank lagen und es war so, als ob ich keine Haut hätte, die mich vor den Schmerzen der Welt und dem Kontakt mit anderen schützt. Nach einer langen und leidvollen Phase beschloß ich schließlich, mich umzubringen.

Damals war ich ein Hippie, und ich verabschiedete mich von meinen wenigen FreundInnen, die mich verstanden und meine Entscheidung akzeptierten. Sie würden mich in einem anderen Leben sehen, ein ander Mal in diesem ewigen Kreislauf, schade, daß es dieses Mal nicht geklappt hat.

Eine meiner Freundinnen regte sich allerdings auf, als sie von meinen Selbstmordplänen hörte. Als ich ihr erzählte, mein Problem bestünde darin, daß ich einfach nicht mit Menschen umgehen und meinen Lebensunterhalt verdienen konnte, erzählte sie mir von einigen unverheirateten älteren Tanten, die ihr etwas Land in Nebraska vererben würden. Sie versprach mir, daß ich den Rest meines Lebens auf ihrem Land in ihrem Bauernhaus mietfrei wohnen könnte, wenn ich ihr versprechen würde, mich nicht umzubringen. Naja, das erschien mir als eine Möglichkeit. „Wie alt sind diese Tanten?", fragte ich. Als ich erfuhr, daß sie in den Sechziger waren, war ich einverstanden, mich nicht umzubringen. Ich war jung genug und dachte, daß jemand in den Sechzigern bald gehen würde.

Jetzt hatte ich eine Zukunft, für die ich leben konnte und die Herausforderung bestand darin, herauszufinden, wie ich bis dahin leben und weniger unglücklich sein könnte. In diesen Jahren studierte und lernte ich und fühlte mich ständig besser. Und es zeigte sich dann, daß diese Tanten, die aus solidem Nebraska-Holz waren, noch viele Jahre lebten – ich kam nie dazu, die Zusage meiner Freundin einlösen zu müssen, denn zu der Zeit, als sie die Farm erbte, war ich schon glücklich und zufrieden.

Ich bin jetzt glücklich verheiratet, habe eine nette Familie mit vier Kindern, eine erfolgreiche Karriere mit dem, was ich gerne mache und ein gutes Einkommen. Einiges von dem, was ich auf dieser Reise von Leiden und selbstmörderischer Depression zu Glück und Zufriedenheit entdeckte, ist in diesem Führer enthalten. Im Laufe der Jahre, insbesondere in der Zeit, als ich von Milton ERICKSON unterwiesen wurde, hatte ich die Gelegenheit zu studieren, was in Psychotherapie tatsächlich wirkt und ich setze mich leidenschaftlich dafür ein, die Kunde zu verbreiten, daß es einen Weg gibt vom Leid zum Glück, vom Frust zum Erfolg. Ich nenne diesen Weg Möglichkeiten-Therapie.

Wie dieses Buch entstand

Sandy: Ich interessiere mich für die Psychologie der menschlichen Informationsverarbeitung und dafür, wie Menschen lernen und sich verändern und wie dieser Prozeß erleichtert werden kann. Mein Denken ist von drei ganz unterschiedlichen Richtungen beeinflußt. Ich war lange fasziniert von der Arbeit Milton ERICKSONS (und von den Ideen, die BATESON und HALEY darüber hatten). Insbesondere fragte ich mich, wie er Leuten hilft, solche großen Änderungen mit so kleinen Interventionen zu machen. Ich habe aber auch gesehen, wie schwierig es für Leute ist, seinen Therapiestil zu lernen, wie Leute manchmal sogar bei einer Art Mystizismus Zuflucht suchen – so z.B. wenn sie violette Kleidung tragen, als ob etwas von dem Zauber auf sie abfärben würde. Ich war irgendwie der Ansicht, daß es einen besseren Weg geben müßte, diese Dinge zu lehren.

Der zweite Einfluß war mein biologischer Hintergrund. Ich habe viele naturwissenschaftliche Kurse belegt und mich beeindruckte die Art und Weise, wie VOSS, WAGNER und BARNES an der Universität von Michigan Botanik und Ökologie lehrten. Sie nahmen ein großes und komplexes Thema, zergliederten es in unterscheidbare konzeptionelle „Objekte“, erfanden oft visuelles Anschauungsmaterial, zeigten dann die Beziehung zwischen diesen Objekten. Ich fragte ich, ob sich diese Art, Informationen aufzubereiten und vorzustellen, nutzen lassen könnte, andere Themen zu verstehen und zu lehren.

Drittens, ich studierte menschliche Informationsverarbeitung – mit dem besonderen Schwerpunkt, wie unterschiedliche Medien dabei unterstützend wirken – und mein Berater, Dr. Stephen KAPLAN, brachte mir einige entscheidende Ideen nahe:

- Wir lernen leichter von Informationshappen, die in kleinen Gruppen angeordnet sind – und nicht von langen Texten (wie diese Einleitung!).
- Lebhafte und konkrete Bilder und visuelle Hinweise helfen.
- Es hilft, die wesentlichen Teile besonders hervorzuheben, die weniger wichtigen wegzulassen und sie mit Dingen in Beziehung zu bringen, die die Leute schon kennen und können.
- Eine klare und sichtbare Anordnung – oder Ideen in Form von Geschichten zu präsentieren – hilft Leuten zu verstehen und sich zu erinnern.
- Wir können davon profitieren, Ideen in brauchbare und prüfbare Form zu bringen, so daß die Leute ihre eigenen kleinen Experimente machen können.

Als ich Bill O'HANLON traf, war er gerade dabei, ERICKSONS Ideen zu entmystifizieren (nicht, daß er etwas gegen das Mystische hätte!) und sie leichter lehr- und lernbar zu machen. Darüber hinaus hatte er eine Reihe therapeutischer Ideen aus anderen Quellen zusammengetragen und sie in einer sehr handlungsbezogenen Art und Weise zusammengestellt. Nachdem ich einige seiner Workshops erlebt und mit einigen TherapeutInnen gesprochen hatte, die diese Ideen mit nach Hause genommen und angewendet hatten, wurde mir deutlich, daß die Wochen nach dem Workshop von besonderer Bedeutung waren – wenn die Leute voller Tatendrang nach Hause kommen, viele Sachen ausprobieren, einigen Erfolg haben, auf einige Schwierigkeiten stoßen, herauszufinden suchen, was als nächstes kommt. Ich war am überlegen, ob einige dieser Techniken aus ganz anderen, aber vielleicht auf eine merkwürdige

Art ähnlichen Feldern eine wertvolle Ergänzung zu Bills Workshops sein könnten. Ich nutze Computer als eine Möglichkeit, alles wieder zusammenzusetzen, und deshalb sprach ich mit Bill darüber, ein computerisiertes, interaktives Video einer Therapiesitzung zu machen, das die Leute nach einem Workshop mit nach Hause nehmen können, so daß sie die Ideen gründlicher und gemäß ihres eigenen zeitlichen Rhythmus üben und lernen können. Ich wollte es anhand individueller Methoden – als die „Objekte", an die sich die Leute erinnern könnten – organisieren. Bill fand die Idee überaus spannend, so daß wir daran gingen und während wir den Text schreiben, das Video machen wollten.

Als wir dabei waren, meldete sich meine wissenschaftliche Ausbildung und ich stieß Bill auf viele Einzelfragen: Ist diese Methode dieselbe wie jene? Wie sieht die Beziehung zwischen dieser Methode und jener aus? Was sind ganz konkrete Beispiele dafür? Und während wir darüber diskutierten, wurden nicht nur die Methoden selber für und von uns beiden besser formuliert, sondern auch deren Beziehungen unter- und zueinander sowie ihre Anwendung und ihre zeitliche Plazierung. In der Vergangenheit konnten Leute diese drei Aspekte nur durch eine lange Lehrzeit erlernen. Wir hoffen, diesen Prozeß zu erleichtern, so daß

- TherapeutInnen das ganze Material leichter erlernen können,
- TherapeutInnen sich das herauspicken und auswählen, was für ihre Praxis paßt,
- TherapeutInnen leichter auf ihre eigenen neuen Lösungen kommen, die dem vorhandenen und ständig anwachsenden Fundus neuer therapeutischer Ideen hinzugefügt werden können.

Es wurde auch klar, daß wir ausreichend neues und unterschiedliches Material besaßen, so daß ein eigener Text sinnvoll schien. So begannen wir den langen und komplexen Prozeß, ein Buch zusammenzustellen. Bill entwickelte das Modell, Sandy erleichterte die Artikulation des Modells und nutzte Techniken des Schreibens, Organisierens und graphischen Designs, um die Klarheit und Verständlichkeit des Materials zu erhöhen.

Sandy bremste Bill, damit er erklären konnte, was um Gotteswillen er meinte, was er da tat, wenn er Therapie machte und worum sich diese ganzen Möglichkeiten-Dinge drehten. An dem einen Tag, an dem wir beide tatsächlich in derselben Stadt waren, lief er wie ein wildes Tier im Zimmer herum (er wollte weder Lithium noch Ritalin wegen seiner Manie einnehmen) und entwarf eine Struktur, während Sandy rasant und rasante Notizen machte. Dann schnappte Sandy sich den Computer und entschwand in die Wälder, brachte die Ideen in eine schlüssigere Form und entwarf das, von dem wir hofften, es wäre ein benutzerInnen-freundliches Format. Sandy schubste Bill aus seinem üblichen Zögern und Zaudern. („Ich mag nicht schreiben", sagt Bill, „habe aber gerne etwas geschrieben.") Bill lenkte Sandy von ihren Hausaufgaben ab – eine furchtbare, schreckliche, fürchterliche Sache für eine Studentin vor dem Abschlußexamen! („Ich schreibe gerne", sagt Sandy, „aber ich weiß noch gar nichts über dieses Zusammenarbeiten.") Und via e-mail und Telefon und Flughäfen und Konferenzzentren und direktem geistigen Beamen haben wir diese verrückte Sache fertiggestellt.

Und – ja, das interaktive Video ist noch im Entstehen. Jetzt, wo wir die Methoden haben, können wir zu der Schwerstarbeit zurück, einen Computer dazu zu bringen, alles für Sie zusammenzusetzen.

Die Art Therapie, die wir betreiben

Nach unserer Ansicht hat Therapie damit zu tun, Menschen zu helfen, sich wieder mit ihrem Gefühl von Hoffnung und (der gegebenen) Möglichkeit zu verbinden, das sie aufgrund ihres Leidens und Leids verloren haben. Leider ist Therapie allzuoft zu einem Ort geworden, an dem Menschen Dinge hören, die sie entmutigen: „Sie leiden an einer chronischen Krankheit, und sie werden diese Medizin ihr Leben lang brauchen" oder – noch schlimmer – sie werden von den Menschen, bei denen sie Hilfe suchen, beschuldigt und angeklagt: „Sie sind widerspenstig" oder „Sie wollen sich im Grunde gar nicht ändern; sie wollen ihre Symptome behalten."

Andererseits kann Therapie so hoffnungsvoll sein, daß sie KlientInnen verletzt und durcheinanderbringt! Viele im Grunde hoffnungsvolle TherapeutInnen haben oft Theorien von Pathologie vermieden und bevorzugen eine „positivere" Haltung. Leider kann diese positive Haltung manchmal KlientInnen zurückweisen – KlientInnen haben schwer daran gearbeitet, Ideen zu finden, die ihrem Leiden Bedeutung oder

Würde geben – dies können schwer erworbene Eigenetiketten sein, wie z.B. „ko-abhängig“ oder „ADD“ oder sogar die Überzeugung, daß ihnen nicht zu helfen ist – denn ihnen hat bisher keine TherapeutIn helfen können!

Wir haben gelernt, darüber nicht zu streiten. Wir stimmen zu und bieten Alternativen an sowie Möglichkeiten, diese auszuprobieren und auszutesten. Möglichkeiten-Therapie hat damit zu tun, die erlebte Selbsterfahrung der KlientIn und ihre Vorstellungen von ihrem Leben anzuerkennen und zu bestätigen und zugleich sicherzustellen, daß Möglichkeiten der Änderung entdeckt und verstärkt werden. Dieser Ansatz versucht, Flexibilität in die Theorien und Methoden der TherapeutInnen hineinzubringen, und zugleich Möglichkeiten in die abgeschlossenen und selbstanklagenden Ideen, die KlientInnen von sich und ihren Umständen haben, einzugeben.

Iatrogene Kränkung und iatrogene Heilung

Es kommt vor, daß TherapeutInnen ihre eigenen Stärken nicht kennen und so ungewollt Schaden anrichten. Das passiert, wenn wir etwas zu einem Problem machen, was die KlientIn schon auf eine bestimmte Art und Weise erfolgreich handhabt. Oder wenn wir meinen, daß Menschen feststecken, sich nicht ändern können, auf eine Rolle festgelegt sind oder auf andere Art Änderungsmöglichkeiten ausschließen. Oder daß wir, wenn wir uns bemühen, andere in bester Absicht zu verändern, sie verletzen oder keinen Respekt zeigen. Oder wenn unsere Interventionen KlientInnen überzeugen, daß wir – und nicht sie – die ExpertInnen für ihr Leben sind!

Iatrogene Kränkung bezieht sich auf Probleme, die von der Behandlung verursacht werden, sie ist das Ergebnis der Interventionen der Heilkundigen. Sie war anfangs auf die Medizin beschränkt, findet aber auch in der Psychotherapie Anwendung. Im Jahre 1961 sprach Milton Erickson über die Wichtigkeit dieses Themas. „Wenn ich auch viele Artikel über das Thema iatrogener Kränkung gelesen und viele Diskussionen darüber gehört habe, so gibt es dabei einen Aspekt, über den ich wenig gesehen und gehört habe und das ist iatrogene Heilung. Iatrogene Heilung ist ein bedeutsamer Punkt – viel wichtiger als iatrogene Kränkung."

Iatrogene Kränkung in der Therapie wird durch solche Vorgehensweisen wie Bewertungsverfahren, Erklärungen oder Interventionen, die schaden, entmutigen, verletzen, respektlos sind oder Änderungsmöglichkeiten ausschließen, hervorgerufen.

Iatrogene Heilung wird durch solche Vorgehensweisen wie Bewertungsverfahren, Erklärungen oder Interventionen, die ermutigen, respektvoll sind oder Änderungsmöglichkeiten aufschließen, begünstigt.

Das leuchtet uns irgendwie ein. Aber etwas wäre noch besser – klientInnen-o-gene Heilung! Nein, nein, das ist kein modernistisches Küchengerät. Es ist das Zu- und Vertrauen, daß es viele Möglichkeiten gibt, wie wir KlientInnen helfen können, daß sie die Ressourcen finden, die sie für ihre Heilung brauchen.

Dieser Führer bietet einige Tips, daß wir nicht in iatrogene Kränkung hineinrutschen und er soll helfen, iatrogene und jede andere Form von o-gener Gesundheit und Heilung in praktisches Handeln umzusetzen!

Warum in aller Welt sagt Ihr das genau hier?

Der Aufbau dieses Buches

Das Buch gliedert sich in fünf große Abschnitte:

- Anerkennung und Möglichkeit
- Das Sehen verändern
- Probleme und Ziele
- Ressourcen
- Das Handeln ändern

Bill: Die Kapitel folgen im großen und ganzen dem, was ich im Verlauf einer typischen therapeutischen Konversation mache (aber, wie wir schon gesagt haben, im wirklichen Leben ist keine Sitzung typisch). Natürlich gehen die meisten Sachen, die ich mache, ineinander über, aber ich unterscheide und trenne sie hier, um darüber sprechen zu können. Im Verlauf einer therapeutischen Sitzung denke ich die meiste Zeit nicht an diese Sachen, sondern bin ganz in der Konversation versunken. Wie jede Person, die ganz in etwas versunken ist, denke ich nicht an solche Sachen. Ich tue sie ganz einfach. Aber um etwas zu lehren, kann es nützlich sein, sie zu zergliedern.

1. Anerkennung und Möglichkeit

Daß wir mit Anerkennung anfangen, mag ziemlich direkt erscheinen, aber die Art Anerkennung, die wir vertreten, ist ungewöhnlich und einer der Schlüssel, effektive Therapie zu machen. Immer, wenn wir von der KlientIn hören, daß wir nicht verstehen oder zu schnell sind, sorgen wir für Anerkennung. Wir sorgen sowohl verbal wie nonverbal dafür, daß KlientInnen gehört und anerkannt werden.

Das Modell, das wir von Therapie haben, ähnelt Curling. Haben Sie schon einmal von diesem Sport gehört, von Curling? Sie spielen es auf dem Eis. Die MitspielerInnen haben Besen. Jemand wirft oder schiebt diesen großen Stein (Stock) und die SpielerInnen fegen vor ihm, damit er auf dem Eis weiter rutschen kann.

So wie diese Curler fegen wir genau vor den Leuten, mit denen wir in der Therapie arbeiten – Möglichkeiten offen fegen. Und wenn wir ganz in der Nähe des Steines (Stockes) fegen, dann sollten wir genau darauf achten, wo der Stein (Stock) ist und nicht darauf, wo wir denken, wo er sein sollte. Bezogen auf Therapie-Land heißt das, wir sollen mehr darauf achten, wo die KlientInnen tatsächlich sind und nicht auf unsere Theorie, wo sie sein sollten.

Wenn sich unsere Theorie auf die Gegenwart richtet, aber unsere KlientIn sich an der Vergangenheit orientiert, ist es wichtig, unsere Aufmerksamkeit auf ihre Vergangenheit zu richten, zumindest am Anfang. Wenn wir das nicht tun, kann sich unsere KlientIn allzuleicht mißverstanden und verletzt fühlen und in der Therapie kommt es zu einem quietschenden Abbremsen. Dann gehen wir besser zurück und fegen unmittelbar vor ihnen und sagen: „Ja, das ist in Ordnung, Sie können auf Ihre Vergangenheit zurückkommen und darüber reden." Dies ist zu würdigen, und sie sind zu unterstützen, wenn sie in die Vergangenheit zurückgehen und dann fangen wir an, einen deutlicheren Weg in die Gegenwart oder in die Zukunft zu fegen.

Wir sind groß darin, Hoffnung in die Therapie zu bringen, aber jemandem zu sagen, daß Hoffnung besteht, kann tatsächlich verletzend sein. Haben Sie das schon einmal versucht? Einige Leute verbringen die meisten Sitzungen damit, uns zu sagen: „Es gibt keine Hoffnung!" Und wir sagen ihnen ebenso hartnäckig: „Es gibt Hoffnung! Es gibt Hoffnung!“ So kann man wohl kaum ein Baseball-Team zum Sieg führen! Anstatt zu versuchen, sie zu überzeugen, daß sie falsch liegen, können wir zuerst einmal anerkennen, daß sie recht haben, vielleicht sogar zunächst die Vorteile verschiedener zynischer oder fatalistischer Ansätze untersuchen. Oder wir ignorieren einfach Hoffnung und schauen nach einigen unwesentlichen, kleinen Änderungen, die einen Unterschied machen können. Wir scheuen uns nicht, alles zu nutzen, von dem wir denken, es könne helfen!

Wenn wir da fegen, wo unsere KlientInnen nicht sind, kämen wir nicht weit. Sie erzählen und zeigen uns immer wieder, wie krank und verrückt sie sind und wie sie diese besondere Sache wirklich machen müssen und sie zeigen uns, daß wir ein wirklich großes Problem verharmlosen. Oder sie suchen sich jemand anderen, der oder die sie versteht!

Unser Ausweg aus diesem Dilemma besteht darin, Anerkennung auf eine Weise auszudrücken, daß wir KlientInnen dort und darin bestätigen, wo sie gerade sind, anstatt ihnen unsere Theorien aufzuzwingen und zwar ohne der Hoffnungslosigkeit der Situation nachzugeben. In diesem Handbuch werden Sie Methoden finden, so etwas zu tun.

2. Das Sehen verändern

Mit „das Sehen“ meinen wir das, worauf die KlientIn und andere Personen in der Problemsituation achten und welchen Sinn sie dem Ganzen geben. Nachdem wir jede einzelne Person, ihre Gefühle und ihre Ansichten anerkannt haben, bieten wir Möglichkeiten, anderen Aspekten der Situation Aufmerksamkeit zu schenken und zu neuen Schlußfolgerungen oder Erklärungen über das, was geschehen ist und was zukünftig geschehen könnte, zu kommen. Wir tun das bereits, wenn wir Anerkennung zeigen, aber wir machen das während der gesamten therapeutischen Konversation.

Das ist mehr als „umdeuten“ [reframing] (wo die TherapeutIn eine neue Interpretation des Problems gibt). Es schließt die ununterbrochene Neugier der TherapeutIn ein und die gemeinsame Erschaffung neuer Perspektiven. Wir bieten oft Möglichkeiten an und stellen Neugier-Fragen. Wir sorgen dafür, daß wir dies auf eine Art tun, die der KlientIn die Botschaft vermittelt, daß sie uns verbessern kann (und darf), wenn wir ihr Thema verlassen. Unserer Ansicht nach sind KlientInnen die ExpertInnen für ihr Leben und ihre Erfahrungen. Sie lehren uns immer wieder, was paßt und was nicht paßt.

3. Probleme und Ziele

Wenn Sie nicht wissen, wohin Sie wollen, werden Sie wahrscheinlich auch nicht dort ankommen! Um diesem verblüffenden Ergebnis vorzubeugen und um angemessen klientInnen-ausgerichtet zu sein, ist es uns wichtig, klare Vorstellungen davon zu bekommen, worauf wir die Veränderungsbemühungen richten sollen. Wir wollen Klarheit darüber, wie wir wissen werden, wann wir dort sind und wir wollen wissen, wann es Zeit ist, die Therapie zu beenden, weil sie erfolgreich war!

Uns erinnert das an ein lustiges Gebet, wo der Priester in Mel Brooks' Film *Blazing Saddles* (dt. *Is' was, Sheriff?*) eine Schlacht segnet: „Herr, ist das, was wir hier heute tun, tatsächlich wichtig, oder befriedigen wir uns nur selber?" Wir sind von der Idee überzeugt, daß Therapie mehr als nur Selbstbefriedigung ist (nicht, daß wir ganz und gar gegen Selbstbefriedigung sind, aber Sie wissen schon, was wir meinen), daß sie eine zweckgerichtete Konversation ist, die etwas bewirken soll – Leiden lindern, über das sich die Leute, die zu uns kommen, beklagen!

4. Ressourcen

Menschen haben – oder haben nicht – immer die notwendigen Ressourcen, um die Änderungen zu machen, die sie möchten, und ihnen kann geholfen werden, sie zu finden. Wir gehen am liebsten von dieser Annahme aus und lassen sie widerlegen, anstatt von Annahmen über Unfähigkeiten und Defiziten auszugehen. Und zwar deshalb, weil unsere KlientInnen unsere Theorien und Annahmen oft bereitwillig bestätigen! Manchmal mögen wir in der Vergangenheit nach Ressourcen suchen oder in Bereichen, die nicht vom Problem betroffen sind und manchmal müssen wir auf soziale oder andere Ressourcen in der Umgebung schauen. Es hilft, einfalls- und ressourcenreich zu sein!

5. Das Handeln ändern

Wenn Therapie im Leben der Menschen einen Unterschied machen soll, muß sie letztendlich einen Einfluß auf ihr Handeln haben. Wir konzentrieren uns darauf, eine Beschreibung der Handlungen (des „Tuns"), die mit dem Problem zu tun haben, zu erhalten, wir bemühen uns, Muster in diesen Handlungen zu erkennen, um dann spezifische Schritte zu unternehmen, um der Person zu helfen, diese Handlungen und Muster zu verändern.

Wie Sie diesen Führer benutzen (können)

Wir denken, ist wäre das Beste, wenn Sie diesen Führer durchblättern, sich zwei oder drei Methoden heraussuchen, die Ihnen interessant erscheinen, und Sie diese einfach ausprobieren – herausfinden, wie sie bei Ihren KlientInnen ankommen. Es kann auch hilfreich sein, den KlientInnen zu sagen, daß Sie etwas Neues versuchen möchten, was Sie als nützlich ansehen. Wenn diese Methoden gewissermaßen automatisiert sind, sollten Sie diesen Führer wieder zur Hand nehmen und einige weitere aussuchen und ausprobieren.

Aber vor allem – freuen Sie sich. Therapie ist immer auch Training on-the-job und ein lebenslanger Lernprozeß. Und es besteht kein Grund, ein Leben voller stumpfsinniger Schufterei zu führen! Suchen Sie nach dem, was funktioniert, machen Sie kleine Schritte und Versuche, probieren Sie neue Denk- und Handlungsweisen aus und scheuen Sie sich nicht, Spaß dabei zu haben, zu lachen und die leichtere Seite zu sehen. Wir möchten Sie ermutigen, einen experimentellen und humorvollen Ansatz zu übernehmen. Denken Sie daran: wenn Sie aufs Gesicht fallen, streben Sie zumindest voran. Wenn Ihre KlientInnen Sie dabei sehen, kann es sie vielleicht ermutigen, dasselbe zu tun! Vielleicht können wir KlientInnen der Möglichkeiten-Therapie an den Abschürfungen ihrer Nasen erkennen.

Und denken Sie vor allem immer daran – all dies ist nur erfunden. Das heißt nicht, es sei nicht wahr oder nicht nützlich. Es ist einfach nur erfunden. Wenn es darum geht, Menschen im wirklichen Leben zu helfen, dann gibt es nur wenige ewige Wahrheiten und viel nützliches Land zu erkunden. Wir hoffen, unsere Illusionen erweisen sich für Sie und Ihre KlientInnen als hilfreich – und daß Sie sehr bald Ihre eigenen hinzufügen werden.

Wir wünschen uns Ihre Hilfe – schicken Sie uns bitte Ihre Ideen und Kommentare zu dem, was in diesem Buch funktioniert, zu – und zu dem, was Sie gerne in der nächsten Ausgabe hätten.

Kapitel 1
Carl Rogers mit Effe(k)t

Akzeptanz und Änderung. Akzeptanz und Änderung. Denken Sie an diese beiden Worte, denn sie sind die entscheidenden Komponenten der Therapie. So wie Carl ROGERS akzeptieren wir Menschen dort, wo sie im Moment gerade sind und helfen ihnen, sich selbst zu akzeptieren. Aber dann fügen wir einen kleinen Effe(k)t hinzu. Wir sagen: „Es ist ein guter Platz, an dem Sie gerade sind, UND Sie können sich ändern." Dann helfen wir ihnen mit verschiedenen kunstvollen Mitteln, genau das zu erreichen.

KlientInnen signalisieren uns, wenn wir zu sehr oder zu rasch auf Veränderung drängen – sie agieren „widerspenstig", unglücklich oder sie sagen uns, daß wir es oder sie nicht verstehen oder sie suchen sich jemand anderen, der oder die ihnen respektvoller zuhört.

Wenn wir den Akzeptanz-Teil zu sehr betonen und nicht mit der Veränderung weitermachen, können sie sich im Kreise drehen oder feststecken. Sie mögen sich gehört und verstanden fühlen, aber oft verändern sie sich nicht. Wir wollen ausreichend Anerkennung bereitstellen, um KlientInnen zu unterstützen und zu schätzen, damit sie die Änderungen vollziehen können, um derentwillen sie gekommen sind. Um diesen Balanceakt zu bewältigen, verwenden wir das, was wir Möglichkeiten-Sprache nennen.

Möglichkeiten-Sprache umfaßt verschiedene Formen, Sprache zu verwenden, das zu durchbrechen und neu zu ordnen, was KlientInnen wissen, um Änderung zu erleichtern. Wie wir über uns und unser Leben sprechen, kann Gefühle auf eine subtile und weitreichende Weise beeinflussen. Kleine Änderungen in unseren fortwährenden inneren Gesprächen können einen großen, ständig anwachsenden Unterschied machen, wie wir fühlen und sogar – bis zu einem bestimmten Grad wie wir handeln. In diesem Kapitel stellen wir einige sorgsam entwickelten Möglichkeiten vor, Sprache so zu verwenden, daß sie hilft, neue Möglichkeiten auf- bzw. zu erschließen.

Es ist wichtig, KlientInnen dort, wo sie im Moment stehen, anzuerkennen und zu akzeptieren, aber oft reicht das nicht aus, einen dauerhaften Unterschied zu machen. KlientInnen wird darüber hinaus geholfen, zu erkennen, daß sie tatsächlich Änderungen machen können, daß sie ein Gefühl davon bekommen, wie sich das Leben anfühlen wird, nachdem die Schwierigkeit gelöst ist und daß sie nach konkreten und spezifischen Schritten suchen, die sie machen können, um dahin zu kommen, wo sie hin wollen.

1.1 Möglichkeiten-besetzte Anerkennung

Definition

Möglichkeiten-besetzte Anerkennung – Wir sollten KlientInnen zeigen, daß wir ihr Leiden, ihre Sorgen, ihre Gefühle und ihre Ansichten gehört und verstanden haben, ohne daß Möglichkeiten der Änderung dadurch aus- oder abgeschlossen werden. Die einfache Tatsache, nicht zu argumentieren oder zu widersprechen, was KlientInnen sagen, ist eine Form der Anerkennung. Aber jede Anerkennung ist nur die halbe Arbeit. Anerkennung UND die Möglichkeiten offen halten.

Begründung

Sie nimmt üblicherweise drei Formen an:

1. Was die KlientIn gesagt oder gezeigt hat, in der Vergangenheitsform widerspiegeln
2. Eine allgemeine Aussage als Teilaussage widerspiegeln.
3. Eine „Wahrheit"- oder eine „Wirklichkeit"-Aussage als Wahrnehmung widerspiegeln.

Beispiele

KlientIn: Ich bin völlig niedergeschlagen.
TherapeutIn: Sie waren wirklich ganz unten.
(„ganz unten gewesen" anstelle von „niedergeschlagen sein" ist ein Beispiel dafür, die Vergangenheitsform zu verwenden)

KlientIn: Mir gelingt überhaupt nichts.
TherapeutIn: Das meiste, was Sie versuchen, gelingt Ihnen nicht.
(„das meiste" anstelle von „alles" ist ein Beispiel dafür, von einer allgemeinen zu einer Teilaussage überzuwechseln)

KlientIn: Er haßt mich.
TherapeutIn: Sie haben wirklich den Eindruck, daß er sie haßt.
(„den Eindruck haben" anstelle der Aussage, es sei die ganze Wahrheit und nichts als die Wahrheit, daß er die KlientIn hasse, ist ein Beispiel dafür, eine Wahrheits-Aussage als Wahrnehmung widerzuspiegeln.)

1.2 *Fahrstuhl-Sprache*

Definition

Der Rollsteg – Anerkennung, während Sie Ihre KlientIn zu einer Ansicht geleiten, daß eine Zukunft, die sie wünscht, möglich ist und daß sie schon in Richtung auf eine solche Zukunft strebt. Wie ein Rollsteg im Flughafen bewegen diese Techniken die KlientInnen in Richtung von Möglichkeiten, ohne daß sie tatsächlich selber Schritte in Richtung auf Ihr Ziel machen.

Begründung

Diese Methode ähnelt der Möglichkeiten-besetzten Anerkennung – mit dem Unterschied, daß die TherapeutIn hier stärker führt, indem sie zukünftige Möglichkeiten einführt, während sie zugleich aktuelle Sorgen und Erfahrungen anerkennt. Und nur, um diese Ähnlichkeit zu bestärken, wie wäre es mit diesen drei Methoden:

1. Wenn KlientInnen von dem Problem sprechen, spiegeln Sie es so wider, daß die Sorgen als wichtige Ziele und nicht als Probleme, die es loszuwerden gilt, formuliert werden.
2. Wenn Sie etwas widerspiegeln, zusammenfassen oder klären, verwenden Sie Begriffe, die die Erwartung vermitteln, daß die erwünschte Zukunft eintreten wird.
3. Spiegeln Sie etwas wider, indem Sie Worte wie „bisher" oder „bis jetzt" hinzufügen, um zu implizieren, daß in der Zukunft das Problem aufhören oder die Dinge besser sein werden.

Beispiele

KlientIn: Ich fühle mich hoffnungslos und verloren, und ich weiß nicht, was ich tun soll.
TherapeutIn: Hm, Sie würden also gerne wieder ein Gefühl der Hoffnung in Ihrem Leben erfahren.

KlientIn: Wir streiten die ganze Zeit.
TherapeutIn: Dann wissen wir, daß wir hier Erfolg haben, wenn Sie die meiste Zeit besser miteinander auskommen.

KlientIn: Ich glaube, ich kann keine Beziehung führen.
TherapeutIn: Bis jetzt haben Sie keine Beziehung solange geführt, wie Sie es sich wünschten.

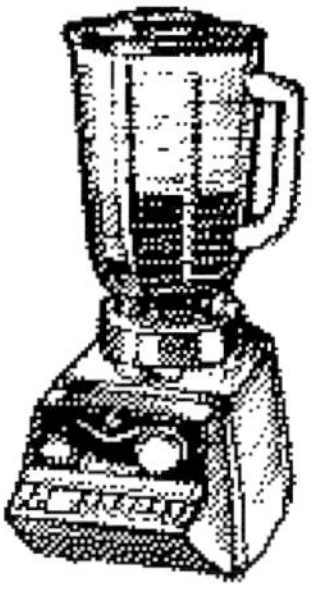

1.3 Rückmeldungen entziffern

Definition

Rückmeldungen entziffern – Achten Sie auf verbale und nonverbale Rückmeldungen und nutzen Sie diese als Anleitung für Ihr Handeln.

Begründung

Rückmeldung ist unsere reichste Informationsquelle. Ernie Rossi, ein Jungscher Analytiker, der bei Milton Erickson studierte, erzählt davon, wie Erickson immer wieder Rossis Aufmerksamkeit auf die KlientIn zurückgelenkt hat. Erickson hätte oft zu ihm hinübergeschaut und bemerkt, daß Rossi an die Decke blickte, Theorien fortspann und gleichsam mit sich selbst über das sprach, was gerade ablief. Erickson hätte ihn daran erinnert, daß sich an der Decke keine KlientIn befand – die KlientIn saß ihm gegenüber. Anstatt sich mit seinen Theorien zu unterhalten oder sich seine Theorien während der Therapie anzuschauen, ist es wichtig, die KlientInnen anzuschauen und mit ihnen zu sprechen. Sie haben Ihnen viel beizubringen!

Wenn es scheint, als sei die KlientIn „widerspenstig", stimme nicht zu, kooperiere nicht, würde ruhig werden oder abschalten, dann verweist diese wertvolle Rückmeldung oft darauf, daß zu schnell oder zu stark auf den Veränderungs-Teil gedrängt wird und daß es Zeit für mehr Anerkennung ist. Auf diese Weise zeigen KlientInnen Ihnen, wie die Dinge vorankommen und was bei ihnen funktioniert und was nicht. Solchen Botschaften gegenüber aufmerksam sein, kann TherapeutIn wie KlientIn Zeit, Verwirrung und Ungemach ersparen. Und da uns viele Methoden zur Verfügung stehen, fühlen wir uns keineswegs entmutigt, wenn etwas, das wir machen, bei der KlientIn nicht wirkt oder nicht zu ihr paßt – wir versuchen einfach etwas anders.

Beispiele

KlientIn: Kommt überhaupt nicht infrage! Ich werde nicht mit ihr reden!
TherapeutIn: Okay, das ist keine gute Idee. Würden Sie möglicherweise mit Ihrem Bruder reden oder einen Brief schreiben oder bis jetzt überhaupt nicht mit ihr reden oder ...?

KlientIn: (schweigt)
TherapeutIn: Hm, es ist hier richtig ruhig geworden. Vielleicht sollte ich raten oder phantasieren, vielleicht (beobachtet genau) fühlen Sie sich ziemlich entmutigt oder mißverstanden oder das Ganze geht zu schnell oder (KlientIn reagiert), oh, es geht zu schnell? Okay.

1.4 Zusammenpassende Sprache

Definition

Zusammenpassende Sprache – Nutzen Sie Sprachmuster, um die Sprache (zusammen-) passend zu machen. Verwenden Sie ähnliche Worte und Sätze, gleichen Sie die Sprechgeschwindigkeit und die Intonation an, um sich an die KlientIn anzukoppeln [joining] und um die Basis für spätere Änderungen zu legen

Begründung

Die Sprache zusammenpassen zu lassen, kann eine sehr subtile und eindrucksvolle Möglichkeit sein, anderen zu zeigen, daß wir auf derselben Wellenlänge liegen. Der Satz „Wir sprechen dieselbe Sprache" beschwört diese Erfahrung. Und verwenden Sie keinen Jargon und keine Fachsprache, die Sie von der KlientIn distanziert – es sei denn, es wäre die Sprache der KlientIn! ERICKSON war ein Genie, wenn es darum ging, Sprache zusammenpassend zu machen – einmal machte er sich sogar die Mühe, Wortsalat zu lernen, damit er sich mit jemandem unterhalten konnte, der ausschließlich so sprach – und in diesem Prozeß konnte er dem Mann helfen, sich zu ändern. Denken Sie aber immer daran, diese wie jede andere Technik nicht als manipulative Technik zu benutzen, sondern als eine respektvolle Art, sich an die Welt der KlientIn anzuschließen und sie eben nicht dahinzubringen, daß sie in Ihre Welt kommen muß.

Beispiele

KlientIn: Ich bin ein unglaublicher dummer, blöder Narr.
TherapeutIn: Sie haben sich in letzter Zeit wie ein blöder Narr gefühlt.

KlientIn: Naja, wissen Sie, irgendwie weiß ich nicht, nun ja, ich, also, ich weiß nicht.
TherapeutIn: Naja, ich weiß nicht, aber ich frage mich, ob es irgendwie schwierig ist, darüber zu sprechen, wenn Sie sich so gefühlt haben.

KlientIn: Vielleicht ist es mein Schicksal, jetzt nicht glücklich zu sein, sondern erst in meinem nächsten Leben.
TherapeutIn: Was denken Sie, weshalb Sie dieses Mal auf der Erde sind?

1.5 Utilisation

Definition

Utilisation – Nehmen Sie das, was die KlientIn bringt, egal wie klein oder seltsam oder auch negativ das Verhalten oder die Idee erscheinen mag, und nutzen Sie es, um die Person wieder in Bewegung zu setzen

Begründung

ERICKSON lehrte uns, daß die TherapeutIn alles nehmen kann, was die KlientIn bringt und es (dazu) nutzen kann, ihr Leben zu drehen. Alles – eine Fertigkeit, ein Symptom, selbst fehlende Reaktionen – kann in der Therapie als Hebel benutzt werden. Wir können z.B. die obsessiven Muster einer KlientIn nutzen, um sie davon besessen zu machen, was sie mit ihrem Leben anfangen wird, wenn sie ihre Symptome überwunden hat.

Diese Methode hat einige Wirkungen:

- Die TherapeutIn wertschätzt alles und bezieht alles, was die KlientIn zeigt oder mitbringt, als Teil des Änderungsprozesses ein.
- Nichts muß „verschwendet" werden – es gibt nicht so etwas wie Weed [Unkraut], wie die Rockband Move vor etlichen Jahren sang.
- Die KlientIn wird als jemand gesehen, die wertvolle Ressourcen bereitstellt.
- Und selbst das seltsamste oder schrecklichste Symptom wird als Quelle von Hoffnung und Möglichkeiten gesehen.

Dies steht in deutlichem Gegensatz zu den stärker pathologieorientierten Ansätzen, die vieles, was KlientInnen mitbringen, als Symptome oder Belastungen sehen.

Beispiele

KlientIn: Alles, was er tut, ist, sich den ganzen Tag diese heavy-metal-Musik anzuhören, und er ist zu dumm, überhaupt irgendetwas zu lernen.
TherapeutIn: (zum Sohn) Was sind Deine Lieblingssongs?

KlientIn: Mein Leben ist nichts. Ich kann nicht ‘mal aus dem Haus gehen. Ich kann überhaupt nur noch am Telefon sprechen.
TherapeutIn: Haben Sie schon ‘mal daran gedacht, einen Job zu kriegen, den Sie von zuhause über das Telefon erledigen können?

KlientIn: Ich bin ein Versager. Alles, was ich mache, verpfusche ich.
TherapeutIn: Ich habe einen etwas verrückten Vorschlag für Sie. Ich möchte gerne, daß Sie nächste Woche absichtlich und ganz bewußt bei fünf Dingen versagen und daß Sie sich selbst die Erlaubnis geben zu versagen. Wenn es Ihnen gelingt zu versagen, dann können Sie Erfahrungen mit Erfolg sammeln und wenn Sie versagen zu versagen, dann sind Sie ganz offensichtlich erfolgreich. Es ist ein Gewinn-Gewinn-Vorschlag...Es sei denn, Sie würden es vermasseln.

1.6 Einbeziehen

Definition

Einbeziehen – Beziehen Sie jeden Teil, jeden Einwand, jedes Gefühl, jeden Aspekt der Person oder ihrer Sorgen, die bisher außen vor geblieben sein könnten oder als Barriere der Therapie oder der Ziele gesehen werden könnten, ein.

Begründung

Neben der Utilisation, wo wir alles verwenden, was helfen könnte, beziehen wir auch alles ein, was ausgelassen, entwertet oder als unvereinbar angesehen worden sein könnte. Manchmal denken wir daran als ein großes UND (im Gegensatz zu Pee Wee Hermans unvergänglichem Wort, dem großen ABER). Unsere KlientInnen geben uns Ideen und Gefühle, die in Widerspruch zu stehen scheinen – die ABERs, und wir spiegeln sie zurück als UNDs.

Beispiele

KlientIn: Ich habe Angst davor, Ihnen über den Mißbrauch zu erzählen, aber ich denke, das ist wirklich wichtig.
TherapeutIn: Sie können Angst haben und es mir erzählen, und Sie müssen es mir nicht erzählen, solange Sie dazu nicht bereit sind.

KlientIn: Vielleicht wäre ich besser dran, einfach enthaltsam zu sein, wenn ich an den Ärger denke, den ich mir immer in Liebes- und sexuellen Beziehungen einhandle.
TherapeutIn: Vielleicht wären Sie besser dran, und vielleicht können wir einen Weg finden, daß die Beziehungen besser laufen.

KlientIn: Ich will mit all dem Schluß machen. Ich halte es einfach nicht mehr aus, so zu leiden, keinen einzigen Tag mehr.
TherapeutIn: Sie können sich verzweifelt fühlen und sich umbringen wollen und Sie können am Leben bleiben.

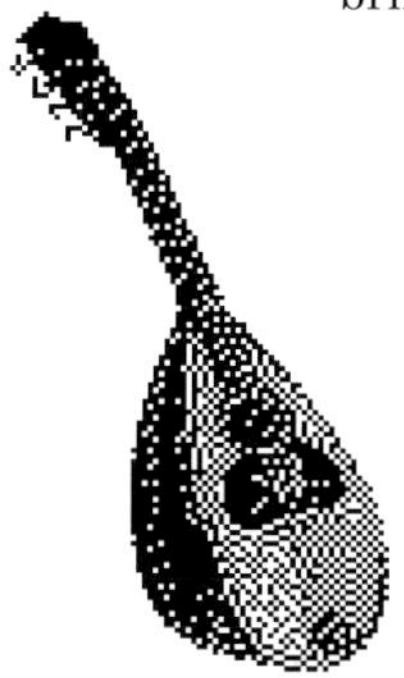

1.7 Widerspruch einbinden

Definition

Widerspruch einbinden – Beziehen Sie Widersprüche der KlientInnen als wertvolle Rückmeldung ein und akzeptieren Sie diese, denn diese könnten auch darauf hinweisen, daß es an der Zeit ist, mehr wertzuschätzen und anzuerkennen.

Begründung

Widerspruch wird – genau wie „Widerstand" – als ganz entscheidende Informationsquelle aufgefaßt. Wenn eine KlientIn sagt, es wirke und funktioniere nicht, es sei nicht richtig oder es sei nicht das, was sie wolle, kann die TherapeutIn ihr Vorgehen modifizieren und vielleicht stärker wertschätzen. Dann bieten wir mehrere Alternativen an, wechseln die Zeiten oder probieren andere Optionen aus dem therapeutischen Zauberkasten aus.

Beispiele

KlientIn: Nein, nein, ich weiß ganz genau, daß das nie passieren wird.
TherapeutIn: Okay. Ich glaube, ich brauche eine klarere Vorstellung von dem, was Sie möchten.

KlientIn: Aber das kann ich doch nicht machen!
TherapeutIn: Im Moment sind Sie ganz sicher, daß Sie das nicht machen können.

KlientIn: Wenn ich Ihnen von meinen Problemen erzähle, dann scheinen Sie immer nur das Positive zu sehen. Ich bin nicht sicher, ob Sie verstehen, wie schlimm es für mich ist.
TherapeutIn: Das tut mir leid, aber ich werde manchmal beinahe zum Verrücktwerden optimistisch. Ich bleibe dann dabei stehen, Ihre Zukunft gleichsam so zu halluzinieren, daß alles gut verläuft. Vielleicht erfindet man eines Tages ein Mittel, um mir mit diesem Problem zu helfen, aber bis dahin werde ich zu optimistisch bleiben. Bitte erinnern Sie mich immer wieder daran, damit ich versuchen kann, mich entsprechend anzupassen.

1.8 Gegenteile einbinden

Definition

Gegenteile einbinden – Vergessen Sie nie die dunkle, die verborgene oder einfach die andere Seite, und beziehen Sie diese ein, damit das Ganze weder für die TherapeuIn noch für die KlientIn zu einer Falle wird.

Begründung

Wir glauben nicht daran, daß Menschen einen dunklen, brodelnden, unbewußten inneren Vulkan haben, der kurz vorm Ausbruch steht. Aber wir wissen, daß sich ein Teil des Lebens, wenn er zu stark verleugnet wird, anderweitig Gehör verschafft. Damit kann man relativ einfach umgehen – indem man ganz einfach sicherstellt, daß niemand versucht, zu sehr bei einer Seite einer Angelegenheit stehen zu bleiben.

Beispiele

KlientIn: Glauben Sie, daß ich mein Trinkproblem schließlich und endlich doch überwunden habe?
TherapeutIn: Nun ja, entweder Sie haben es, oder Sie haben es nicht. Das wird die Zeit zeigen.

KlientIn: Ich muß Ihnen vom Mißbrauch erzählen, den ich erlitten habe, aber ich kann es einfach nicht.
TherapeutIn: Sie werden bestimmt einen Weg finden, mir davon zu erzählen und mir nicht davon zu erzählen. Oder Sie können Angst haben, mir davon zu erzählen und es mir trotzdem erzählen.

KlientIn: Manchmal möchte ich einfach meinen Job hinschmeißen.
TherapeutIn: Einmal, während des Studiums, nachdem ich von einem meiner Lieblingslehrer eine Fleißaufgabe zu machen hatte, widerte mich alles an und ich hatte Lust, einfach alles aufzugeben. Ich hatte das Gefühl, festzustecken. Als ich den Seminarraum verließ, kam ich an einem Abfalleimer vorbei und erkannte, daß ich meine Bücher in den Müll schmeißen und nie wieder zurückkommen konnte. Als sich dieser Gedanke festgesetzt hatte, dachte ich darüber nach und entschied erneut, daß mein Abschluß all diesen Ärger und Ungemach wert war. Es war wichtig, anzuerkennen, daß ich die Fleißarbeit nicht machen wollte und meinen Abschluß bekommen wollte und daß ich eine Wahl hatte.

1.9 Bestätigen, wertschätzen und verantwortlich machen

Definition **Bestätigen und wertschätzen Sie die Menschen und machen Sie sie für ihre Handlungen verantwortlich** – Bestätigen und wertschätzen Sie KlientInnen und deren inneres Erleben und machen Sie sie zugleich verantwortlich für das, was sie tun.

Begründung Denken heißt nicht auch handeln. Fühlen heißt nicht auch handeln. Was wir im Innern erleben, was wir denken und fühlen, ganz gleich, wie merkwürdig es sein mag, ist in Ordnung. Was wir sagen und tun, ist eine andere Sache. Bestimmte Dinge, die wir sagen oder tun, können Menschen verletzen, zu Schwierigkeiten führen oder einfach das Problem am laufen halten. Es geht darum, diese Verhaltensweisen zu verändern. Herauszufinden, wessen Fehler etwas war oder wer die Schuld an etwas trägt, führt oft zu nichts; etwas zu verändern hingegen schon.

Es ist wichtig, die Menschen für das, was sie tun, verantwortlich zu machen, ohne sie anzuklagen oder zu beschuldigen. Sie können dies tun, indem Sie deutlich machen, daß Sie sich auf die Handlung beziehen und daß dies ihre Entscheidung/Wahl war – ohne damit anzudeuten, daß sie schlecht oder böse sind oder miese Absichten hätten.

Beispiele *KlientIn:* Es ist alles meine Schuld. Ich habe die Freundschaft zerstört.
TherapeutIn: Nun ja, wie man so sagt, „it takes two to tango." Was glauben Sie, welches war Ihr Anteil daran, diese Freundschaft zu beschädigen?

Klient: Sie nörgelt und nörgelt, bis sie mich schließlich so weit hat, daß ich sie schlage.

TherapeutIn: Ah ja, Sie haben sie geschlagen, und Sie haben die Idee, sie hätte Sie dazu provoziert. Erzählen Sie mir etwas von den Zeiten, wo sie Sie provoziert hat und Sie sich in Schach hielten.

KlientIn: Diese Sache mit dem Essen, die überkommt mich einfach und ich habe mich dann nicht mehr unter Kontrolle.
TherapeutIn: Das nächste Mal, wenn Sie sich so fühlen, was wird Ihr erster Hinweis sein, anders zu handeln?

1.10 *Erlaubnis erteilen*

Definition

Erlaubnis erteilen, so zu sein – Lassen Sie die KlientIn wissen, daß es in Ordnung ist, solche automatischen Erfahrungen zu haben wie Empfindungen, unfreiwillige Gedanken, Gefühle und Vorstellungen.

Begründung

Kontrolle ist zwar möglich, aber zu versuchen, Gedanken oder Gefühle zu kontrollieren, ist schwierig. Menschen für ihre Gedanken oder Gefühle anzuklagen und zu beschuldigen, ist kontraproduktiv. Der erste Schritt, unsere Erfahrungen zu ändern, ist der, zu akzeptieren, wo wir gerade sind, den Kampf mit uns selbst aufzugeben und voranzukommen.

Wir geben uns die Erlaubnis für inneres Erleben gewöhnlich auf zweierlei Weise: die Erlaubnis, es zu haben und die Erlaubnis, es nicht zu haben. Manche Menschen stecken auf der einen Seite dieser Gleichung fest – sie meinen, sie seien furchtbar und schrecklich, weil sie etwas denken oder erleben oder weil sie meinen, sie sollten dies gerade nicht denken oder erleben. Diese Menschen brauchen die Erlaubnis zum Erleben oder etwas zu sein. („Es ist in Ordnung, wenn Sie darüber nachdenken, sich umzubringen. Viele Leute haben solche Gedanken.") Normalisieren ist eine Möglichkeit zu bestätigen und die Erlaubnis zu erteilen. Wenn KlientInnen hören, daß andere ganz ähnliche Erlebnisse haben, fühlen sie sich nicht so unnormal oder merkwürdig.

Die andere Seite der Gleichung sieht so aus, daß einige Menschen mit einer Erfahrung feststecken, die ihr inneres Leben beherrscht. Oder jemand hat ihnen gesagt, sie müßten eine Erfahrung machen, die sie nicht gemacht haben. Sie könnten deshalb die Erlaubnis brauchen, die Erfahrung nicht gemacht zu haben. („Sie müssen sich nicht an den Mißbrauch erinnern, wenn das für Sie nicht in Ordnung ist.")

Beispiele

KlientIn: Ich bin lesbisch, und ich habe immer noch diese sexuellen Phantasien über Männer. Meine beste Freundin sagt, diese Phantasien sind einfach Reste meiner sexistischen, homophoben Konditionierung, aber ich genieße sie irgendwie.
TherapeutIn: Es ist völlig in Ordnung zu phantasieren, Sex mit Männern zu haben. Vermutlich verbringen Sie viel Zeit damit, dahin zu kommen, ihre lesbischen Wünsche zu akzeptieren und sich nicht selbst dafür zu beschuldigen, sie zu haben. Warum beschämt Ihre Freundin sie wegen dieser Phantasien?

KlientIn: Oh nein, ich sehe es direkt vor mir, sie kommt mit dem Messer auf mich zu, sie – oh, nein, nein -
TherapeutIn: Gehen Sie einfach mit, lassen Sie es einfach geschehen, ich bin hier, Sie können weiterreden und es geschehen lassen, bis es vorbei ist.

KlientIn: Ich bin nie zornig und ärgerlich gewesen, nachdem mein Mann gestorben ist. Ich habe ein Buch gelesen, da stand, Ärger und Zorn sind eine Phase der Trauer. Glauben Sie, etwas stimmt mit mir nicht?
TherapeutIn: Jeder Mensch geht auf die ihm eigene Weise durch die Trauer. Ich glaube nicht, daß der Buchautor die Idee hatte, Sie müßten durch alle diese Phasen gehen, sondern daß viele Menschen diese Phasen durchlaufen.

1.11 Einladungen zur Schuldzuschreibung ausschlagen

Definition

Einladungen ausschlagen, bei Hoffnungslosigkeit oder Schuldzuschreibung zu verweilen – Lassen Sie Einladungen der KlientIn, sich oder andere zu beschuldigen, in Ruhe vorbeiziehen und konzentrieren Sie sich auf Einladungen zu Hoffnung und Möglichkeiten.

Begründung

Schuldzuschreibung führt Menschen leichter in die Vergangenheit, wo keine Handlung möglich ist und wo Menschen leicht feststecken. Und noch schlimmer – es ist oft unmöglich, mit völliger Sicherheit festzustellen, wen für ein bestimmtes Ereignis die Schuld trifft, insbesondere dann nicht, wenn es um langandauernde Beziehungen geht. Es könnte daher sein, niemals herauszufinden, „wen die Schuld trifft!" Sich auf das zu konzentrieren, was in der Zukunft gewollt und gebraucht wird, auf das erwünschte Ergebnis ist sowohl vernünftiger wie nützlicher. Das ist nun nicht dasselbe wie Verleugnung und Unverantwortlichkeit. Wir wollen durchaus auch anerkennen, was jemandem geschehen und angetan worden ist und wer das in der Situation getan hat. Was wir unter Schuldzuschreibung verstehen, ist, Menschen böse Absichten oder schlechte Eigenschaften zu unterstellen, anstatt zu beschreiben, was die betreffende Person tat.

Beispiele

KlientIn: Meine Mutter schlug mich ständig, bevor ich auszog.
TherapeutIn: Sie hat sie viel mißhandelt. Wie haben Sie angesichts dieser Mißhandlung den Mut entwickelt, auszuziehen?

KlientIn: Ich fühle mich ganz furchtbar, weil meine Kinder jetzt Adult Children of Alcoholics werden und weil ich ihr Leben ruiniert habe – genau so, wie mein Vater mein Leben ruiniert hat.
TherapeutIn: Vielleicht können Ihre Kinder von Ihrer Erfahrung mit Ihrem Vater profitieren. Wie und was würden Sie ihnen raten, so daß Ihre Kinder einige der Fallen vermeiden können, in die Sie getappt sind?

KlientIn: Wie könnte es mir jemals wieder gut gehen, nachdem was mir passiert ist?
TherapeutIn: Ich weiß es nicht, Sie erscheinen so ganz anders, als würden Sie sehr gut zurechtkommen.

Kapitel 2

Das Sehen verändern

„Ein Problem ist eine verkleidete Möglichkeit."
Paul HAWKEN, *Growing a Business*

Einleitung

Wir glauben, daß therapeutische wie soziale Wirklichkeit sozial beeinflußt sind. D.h. Sorgen, die Leute zur Therapie bringen, sind nicht in Stein gemeißelt, sondern mit Bewußtheit in Sprache ausgehandelt. Das ist das, was wir unter SEHEN der Schwierigkeit verstehen (und wir sprechen lieber von Schwierigkeiten als von Problemen. Sie erinnern sich.) Das Sehen ist das, worauf Menschen ihre Aufmerksamkeit richten und das schließt die Referenzrahmen ebenso ein wie Wahrnehmungen, Erklärungen und Vorhersagen. Die TherapeutIn hilft der KlientIn, Ideen zu verändern, die Möglichkeiten begrenzen oder ausschließen und stützt sich auf Ideen und Erfahrungen, die andeuten, daß positive Veränderung möglich ist und oft schon geschieht.

In diesem Kapitel finden Sie u.a. vier Formen entmutigender oder respektloser Erklärungen, von denen wir uns fernhalten wollen, wenn wir KlientInnen bei ihren Änderungen helfen:

1. Erklärungen, die KlientInnen die Schuld an ihren Problem geben
   (Sie erinnern sich daran, daß wir unter Schuld einerseits die Zuschreibung böser Absichten und Eigenschaften verstehen und andererseits die Zuschreibung, die Leute für ihr Tun nicht als verantwortlich anzusehen.)
2. Erklärungen, die die Erfahrungen der KlientInnen entwerten.
3. Erklärungen, die Änderungsmöglichkeiten ausschließen.
4. Erklärungen, die das Erkennen und Anerkennen persönlicher Verantwortung verschieben oder blockieren.

Darüber hinaus helfen wir KlientInnen, ihre Aufmerksamkeit wieder auf die Dinge zu richten, die ihnen helfen, sich zu bewegen und nicht auf Dinge, die sie feststecken lassen oder entmutigen. Eine solche Umorientierung soll den Menschen dabei helfen, Zeiten zu erkennen, zu benennen und hervorzuheben, wenn sie problemfrei oder trotz ihrer Schwierigkeiten besser davor sind. Das ist ein Teil der Methode und der Grundidee, die da heißt „lösungsorientierte Therapie", von der die Möglichkeiten-Therapie ein Ableger ist.

Wir orientieren die KlientIn und die ihr Nahestehenden nicht auf ein Verständnis der KlientIn als pathologisch, sondern wir orientieren sie auf eine Sichtweise, daß die KlientIn kompetent ist und über Ressourcen verfügt.

Wir „normalisieren" gerne soviel wie möglich das, was mit Menschen geschieht, ohne es zu trivialisieren oder zu verharmlosen. Ein Teil dieses Tuns besteht darin, wenn immer möglich, eine einfache Sprache zu sprechen, Fachsprache oder psychologische Begriffe zu vermeiden, es sei denn dies ist tatsächlich erforderlich oder wir sind der Auffassung, dies könne helfen, einen Punkt stärker im Gedächtnis zu behalten. Wir betrachten die Alltagssprache als angemessen und hilfreich. Altmodische und umgangssprachliche Worte können die Bandbreite menschlicher Schwierigkeiten umfassen und uns zugleich fest im Alltagswissen verankern. Und wenn wird diese Begriffe ohne Abwertung und ohne Respektlosigkeit benutzen, können sie oft eine bessere Ausgangsbasis für Änderungen bereitstellen. Es ist einfacher, einer KlientIn zu helfen, die sich keine Gedanken mehr darüber machen möchte, ob jemand versucht, sie zu kontrollieren, wenn sie bestimmte Farben trägt, als eine „paranoide Schizophrene" zu behandeln. Es ist einfacher, Eltern zu helfen, deren Tochter mit dem Essen aufgehört hat, als Eltern, deren Tochter die Krankheit Anorexia nervosa hat. Es entspricht mehr dem alltäglichen Empfinden, jemandem zu helfen, der seine eigenen Bedürfnisse oft zugunsten anderer zurückstellt, als „Ko-Abhängigkeit" zu heilen.

Nichts ist so gefährlich
wie eine Idee,
wenn es
die einzige ist,
die du hast.

– Emile Chartier

2.1 Humor einsetzen

„In der Therapie solltest du Humor sehr sorgsam einsetzen, denn deine PatientInnen bringen genug Kummer und Sorgen mit und sie brauchen nicht den ganzen Kummer und die ganzen Sorgen. Du solltest sehen, daß du sie von Anfang an in einen angenehmeren Zustand bringst." Milton ERICKSON

Definition

Humor einsetzen – Setzen Sie Humor oder alles andere ein, was die KlientIn dahinbringt, ihre Situation als weniger trostlos zu sehen, ohne ihre Sorgen und Leid(en) respektlos zu behandeln oder zu verniedlichen.

Begründung

Humor läßt sich sehr sensibel einsetzen, um sorgenvolle Situation aufzuheitern, um die Gleichheit zwischen KlientIn und TherapeutIn zu fördern und um den Änderungsprozeß zu unterstützen, indem alle möglichen Assoziationen neu angeordnet werden. Allein die Tatsache, zur Therapie zu kommen, kann KlientInnen verletzen. Humor kann helfen, den Therapieprozeß zu entmystifizieren und zu erhellen sowie KlientInnen auch eine Ahnung von erfreulicheren Erfahrungen zu vermitteln, nach denen sie suchen. Humor ist selber ein machtvoller Änderungsagent – wohl jeder von uns kennt einen Witz, der uns dazu gebracht hat, Dinge anders zu sehen.

Trotz gegenteiliger Gerüchte ist es selbst den ernstesten und ernsthaftesten TherapeutInnen erlaubt, alles zu benutzen – von kleinen Wortspielen bis zum Slapstick -, was KlientInnen hilft, das Leben aufzubauen, das sie wollen. Aber achten Sie darauf, daß die KlientIn ausreichend Anerkennung findet und daß Sie keine Witze machen, die auf Kosten der KlientInnen gehen, und lassen Sie Ihren ungewöhnlichen Sinn für Humor oder Ihre wunderliche Weltauffassung einen Unterschied machen.

Beispiele

KlientIn: Ich bin so depressiv.
TherapeutIn: Ah ja, und wie lange haben Sie schon in Depresso-Land gewohnt?

KlientIn: Hm, wissen Sie, Sie machte es, naja, nicht, Sie wissen schon, rechtzeitig, naja und so.
TherapeutIn: Hm, können Sie sich noch ein kleines bißchen unklarer ausdrücken?

KlientIn: Sind hier drinnen irgendwo Mikrophone versteckt?
TherapeutIn: Es stimmt tatsächlich, der regionale Radiosender sammelt Sponsoren-Gelder und hat mich gefragt, ob sie eine Sitzung mit meinem am stärksten paranoiden Patienten in dieser Woche senden können. Ich habe vergessen, das zu erzählen, aber Sie sind jetzt auf Sendung. Können Sie ihnen jetzt die Nummer geben? 599-6111. Vielen Dank.

2.2 Stellen Sie sich Zeiten ohne Probleme vor

Definition

Stellen Sie sich vergangene und gegenwärtige problemfreie Zeiten vor – Fragen Sie nach problemfreien Zeiten und sprechen Sie über solche Zeiten und zwar selbst dann, wenn sie nur auftraten, als die Person es gar nicht gemerkt hat.

Begründung

Es gibt fast immer eine Zeit oder eine Situation, wo eine bestehende Schwierigkeit nicht auftrat. Finden Sie sie, untersuchen Sie sie genauestens, fragen Sie was, wann und mit wem sie auftrat. Nutzen Sie dann die Tatsachen, Gefühle und Ideen, die mit diesen Zeiten verknüpft sind, um neue Pläne und Erfolge zu machen.

Beispiele

KlientIn: Ich kann morgens gar nicht hochkommen.
TherapeutIn: Haben Sie mir nicht erzählt, daß Sie zwei Kühe zu melken hatten, als Sie auf dem Bauernhof lebten? Wie sind Sie da so früh hochgekommen, als Sie viel lieber liegenbleiben wollten?

KlientIn: Die Gedanken kreisen einfach weiter.
TherapeutIn: Ist es nachts besser oder am Morgen oder am Abend oder während der Arbeit?

KlientIn: Na klar würde ich gerne mit dem Rauchen aufhören.
TherapeutIn: Wie machen Sie das, sich keine Zigarette anzuzünden, wenn Sie sich im Kino einen Film ansehen?

KlientIn: Er ist schon so lange schizophren, daß ich mich kaum noch erinnern kann, daß er jemals normal war.
TherapeutIn: Ihr Sohn ist also schizophren, seit er neunzehn ist. Was können Sie mir über die Zeiten seiner Klarheit erzählen, seit er diese Halluzinationen hat?

2.3 Angenommen, die KlientIn wäre die handelnde Person

Definition

Angenommen, die KlientIn ist in ihrem Leben die handelnde Person – Geben Sie immer an, daß jeder Erfolg ein Ergebnis der Anstrengungen und Bemühungen der KlientIn war.

Begründung

Wenn KlientInnen sich schlecht fühlen, können sie jedem die Schuld an ihren Erfolgen geben, nur sich selber nicht. Wenn immer möglich, sollten Sie darauf hinweisen, daß die KlientIn diejenige war, die etwas getan hat – egal wie klein -, das positive Wirkungen hatte.

Beispiele

KlientIn: Dann wurde es einfach besser mit uns
TherapeutIn: Was von den Dingen, die Sie gesagt haben, trug am meisten dazu bei, daß es besser wurde.

KlientIn: Mein letzter Therapeut rettete mein Leben!
TherapeutIn: Und so schlecht, wie Sie sich fühlen, was haben Sie da zu sich selber gesagt, um heute morgen aufzustehen und hierherzukommen?

Wenn die KlientIn über etwas Wertvolles berichtet, das geschehen ist, fragen Sie nach der Macht und Einfluß der KlientIn oder nach den Entscheidungen, die sie in dieser Situation getroffen hat.

KlientIn: Dann ging es tatsächlich wirklich gut an der Arbeit.
TherapeutIn: Wie haben Sie das gemacht?

KlientIn: Als ich das erste Mal meinen Job verlor, habe ich mich völlig hoffnungslos gefühlt.
TherapeutIn: Was haben Sie gemacht, um die Dinge wieder auf die Reihe zu kriegen?

2.4 Aus dem Rahmen nehmen [deframe]

Definition

Aus dem Rahmen nehmen – Stellen Sie alte Glaubenssätze, die nicht(s) helfen, infrage und säen Sie Zweifel.

Begründung

Manchmal betrachten Menschen Situationen auf eine Weise, die nicht funktioniert. Wir stellen ihre Ideen und Bezugsrahmen über solche Situationen auf liebenswürdige und sanfte Weise infrage, ohne notwendigerweise neue Ideen oder Bezugsrahmen einzuführen.

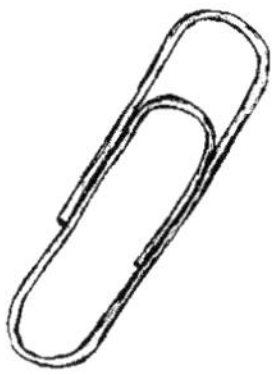

Wir glauben nicht daran, daß die Ideen der KlientInnen rigide, unveränderbare Strukturen sind, die in ihnen existieren. Uns scheinen sie mehr wie Häuser aus Würfelzucker, der von den Konversationen und Interaktionen mit anderen und mit sich selber kristallisiert ist. Wir helfen, das Haus der KlientIn (aus Würfelzucker) zu entkristallieren und die rigiden Strukturen zu entkräften, indem wir verschiedene, nicht-funktionierende Bezugsrahmen infragestellen, zu denen u.a. folgende gehören:

- Selbst-Beschuldigung – „Ich bin nichts wert und tauge nichts."
- Unveränderbare Selbst-Bilder – „Ich kann mich nicht ändern, weil ich schizophren bin."
- Entkräften – den eigenen Wahrnehmungen mißtrauen – „Ich fühle mich nicht von ihm angezogen, denn das wäre eine Sünde." „Ich bin einfach zu durcheinander, um zu wissen, was ich will." „Ich kann gar nicht sagen, ob er böse ist oder ich zu empfindlich."

Beispiele

KlientIn: Ich glaube, ich bin selbstsüchtig.
TherapeutIn: Ist es mehr so, daß Sie selbstsüchtig sind oder daß Sie sich vielleicht nur gerne um sich selber kümmern?

KlientIn: Der Arzt sagte, ich habe eine depressive Persönlichkeit.
TherapeutIn: Oh Mann, das heißt, wir müssen eine Persönlichkeits-Transplantation machen!

KlientIn: Ich bin ein völliger Idiot.
TherapeutIn: Was läßt Sie dann glauben, Sie seien qualifiziert, sich selbst so harsch zu bewerten?

2.5 Handlungen (und keine Etiketten) beschreiben

Definition

Entpathologisieren Sie, indem Sie von Verdinglichungen zu Handlungsbeschreibungen wechseln – Wird eine Erfahrung zu einer Art festen Sache, dann verwandeln Sie es wieder in einen Prozeß zurück, eine Abfolge psychischer und physischer Handlungen.

Begründung

Verdinglichung (Reifikation) besteht darin, einen Prozeß – „Ich ging ins Bett und brauchte drei Stunden, um einzuschlafen" – in eine Sache, ein Ding, zu verwandeln – „Meine Schlaflosigkeit."

Die TherapeutIn kann helfen, das Dingwort in einen Prozeß zurückzuverwandeln. „Meine Schlaflosigkeit" ist ein großer, grauer, unüberwindlicher Klumpen, der nur schwer zu verändern ist, aber „Ich gehe ins Bett und fange an, über Probleme nachzudenken und rege mich dabei völlig auf" weist auf Möglichkeiten, Handlungen und Abläufe zu modifizieren, um die gewünschte Änderung herbeizuführen.

Beispiele

KlientIn: Ich bin schon seit Monaten so depressiv.
TherapeutIn: Dann ist es in letzter Zeit öfters vorgekommen, daß Sie sich ganz einfach saumäßig gefühlt haben.

KlientIn: Diese Panikattacken machen mich noch verrückt!
TherapeutIn: Wenn Sie das haben, was Sie Panikattacken nennen, was bemerken Sie dann als erstes?

KlientIn: Er will unabhängig sein, aber dann fühle ich mich ausgeschlossen und außen vor.
TherapeutIn: Was macht er, wenn er Sachen macht, die er unabhängig nennt?

2.6 Entpathologisieren durch Etikettenwechsel

Definition

Entpathologisieren durch Etikettenwechsel – Ändern Sie entwertende oder pathologische Etiketten (Zuschreibungen) in alltäglicherere, freundlichere, eher änderbare Möglichkeiten um, über Schwierigkeiten zu sprechen.

Begründung

Die meisten von uns wissen, daß es nicht besonders therapeutisch ist, jemanden sich selber einen „elendiglichen Verlierer" nennen zu lassen und deshalb erkennen wir es als etwas, wie sie sich gefühlt haben mögen und machen uns daran, das Etikett zu verändern. Es ist allerdings eine ziemlich neue Erkenntnis, daß solche Etiketten wie „zwanghaft" oder „borderline" genauso entwertend und verletzend für KlientInnen sein können, wenig Nutzen für die Behandlung haben und im Grunde die Effektivität der TherapeutIn einschränken und begrenzen.

Heutzutage scheinen die Menschen ein wenig „etiketten-verrückt". Selbst Kinder aus den besten Familien sind der „ich-will-lieber-spielen-als-Rasen-mähen"-Störung unterworfen, so als ob fast alles eine Krankheit sei – vielleicht weil es ziemlich beeindruckend klingt. Aber das Leben ist überaus komplex und Menschen machen etwas aus allen möglichen Gründen oder aus gar keinen Gründen. Normales menschliches Denken und Tun als Krankheit zu behandeln, macht es schwerer, alltägliche Schwierigkeiten zu entwirren, zu ändern und weiterzukommen. Wir nehmen diese Ereignisse und Verhaltensweisen aus dem Operationsraum hinaus, bringen sie zurück ins wirkliche Leben, wo die Individuen einen Unterschied machen können.

Wir normalisieren, entstigmatisieren und entpathologisieren, indem wir darauf hinweisen, daß andere ähnliche Erfahrungen haben, benennen Handlungsmuster um und ändern die Etiketten, die wir Leuten anheften.

Beispiele

KlientIn: Er ist ein bösartiges Monster.
TherapeutIn: Ah ja, wir wollen versuchen, das aufzuschlüsseln – was genau macht er, was Ihnen zu schaffen macht?

KlientIn: Aber das weiß doch jeder, daß jemand der borderline ist, keine Beziehungen gestalten kann.
TherapeutIn: Vielleicht haben Sie noch nicht davon gehört – nach der neuen Sprachregelung gilt „borderline" jetzt als Interface und das ändert alles.

KlientIn: Aber ich bin ein Adult Child of an Alcoholic.
TherapeutIn: Oh nein – können Sie sehen, welches die nächste Stufe ist? Sie werden ein Adult Adolescent of an Alcoholic!

2.7 Schwierigkeiten als Phase rahmen

Definition **Entpathologisieren Sie, indem Sie die Schwierigkeit als eine Phase rahmen** – Sprechen Sie über das Problem oder die Sorge als Entwicklungsphase, aus der die Person herauswachsen oder darüber hinwegkommen kann.

Begründung Es gibt viele Wege, wie Menschen sich ändern und einer der bekanntesten ist der, daß sie sich ändern, wenn sie von einem Kind zum Erwachsenen werden. Die TherapeutIn kann dies auf zweierlei Weise nutzen – erstens, mit KlientInnen, die nicht erkennen können, daß eine bestehende Schwierigkeit in einer bestimmte Entwicklungs- oder Übergangsphase üblich ist (Flitterwochen sind vorbei, neu in neuer/fremder Umgebung, wenig sexuelle Aktivitäten nach der Geburt des ersten Kindes, usw.). Zweitens, dies kann als Metapher dienen für Dinge, die weniger typisch entwicklungsbedingt sind, wo eine solche Betrachtungsweise aber sehr nützlich sein kann.

Beispiele *KlientIn:* Meine Tochter ist eine Versagerin – 26 Jahre und sie hat immer noch keinen Mann und keine berufliche Karriere.
TherapeutIn: Ich war auch ein Spätentwickler, aber schließlich habe ich es geschafft – da war ich Ende zwanzig.

KlientIn: Ich kann mich nicht konzentrieren, und ich mag nicht ausgehen, und ich weiß nicht einmal, was mich überhaupt noch interessiert.
TherapeutIn: Das hört sich an, als hätten Sie eine ernste Jung-Akademiker-itis.

KlientIn: Ich weiß nicht 'mal, was ich mit ihm mache.
TherapeutIn: Waren Ihre Freunde zu höflich, Sie vor der Krise nach den Flitterwochen zu warnen?

2.8 Zum Widerspruch reizen

Definition

Entpathologisieren, indem Sie zum Widerspruch reizen – Noch ehe die KlientInnen überhaupt die Gelegenheit haben, das Problem vollständig und umfassend zu beschreiben, reizen Sie sie zum Widerspruch, indem Sie es in einer weniger pathologischen und stärker lösungsorientierten Weise beschreiben.

Begründung

Das ist auf verschiedene Weise hilfreich:

- Es zeigt der KlientIn, daß Sie verstehen.
- Es läßt Sie von Anfang an eine besser zu bearbeitende Definition hervorbringen.
- Und es läßt Sie mit einer Intervention beginnen.

Achten Sie auf die Rückmeldungen, so daß Sie dann, wenn Sie falsch liegen – und Sie werden manchmal falsch liegen -, rasch Korrekturen vornehmen können.

Beispiele

KlientIn: Aber dann, nach allem, was gestern passiert ist -
TherapeutIn: Sie blieben wach, und machten sich Gedanken, wann Sie normalerweise eingeschlafen wären?

KlientIn: Dann kam mein Sohn nach Hause mit einer schrecklichen Beurteilung, und meine Mutter weigerte sich, meine Schwester zurückzurufen, und dann fing der Hund auch noch ein Stinktier, und meine Sorge -
TherapeutIn: – holte dann für eine Zeit das Letzte aus Ihnen heraus. Wie haben Sie sich schließlich wieder beruhigt?

KlientIn: Naja, zuerst schwebte ich.
TherapeutIn: Aber klar, das gute Recht, wenn die Sitzung vorbei ist.

2.9 Normalisieren

Definition

Normalisieren – Sprechen Sie so über die Sorgen, als ob sie im Bereich normalen menschlichen Erlebens liegen und nicht so, als seien sie etwas Exotisches oder Furchtbares.

Begründung

Manchmal kommen Menschen zur Therapie und denken, sie seien verrückt, würden verrückt oder seien Außerirdische mit keiner Verbindung zu menschlichen Wesen. Normalisieren kann helfen, sie in die menschliche Rasse zurückzukriegen, so daß sie sich stärker in Ordnung fühlen und ihnen vielleicht wirklich zu helfen ist! Selbst schwerwiegendere Probleme können normalisiert werden – so wie die relativ häufigen Probleme von Bulimie oder Selbstverstümmelung. Wenn die KlientInnen erst einmal wissen, daß wir von dem Problem wissen, daß wir nicht der Ansicht sind, sie seien keine vollwertigen Menschen oder merkwürdige Außerirdische, dann fühlen sie sich oft ein wenig besser – einfach dadurch, daß sie wieder mit anderen Menschen verbunden sind.

Beispiele

KlientIn: Ich fühle mich so, als ob jeder weiß, daß ich mißbraucht worden bin.
TherapeutIn: Ja, einige Menschen, die mißbraucht worden sind, haben so ein Gefühl.

KlientIn: Ich denke manchmal an Selbstmord.
TherapeutIn: Ich selber habe früher auch an Selbstmord gedacht und die meisten Leute, mit denen ich in Sitzungen gesprochen habe, haben manchmal daran gedacht. Haben Sie sehr ernsthaft überlegt, sich um die Ecke zu bringen oder haben Sie in letzter Zeit konkrete Pläne gemacht?

Klientin: Wir haben eine schwere Zeit als neu zusammengesetzte Familie. Die Kinder mißgönnen ihn mir als meinen neuen Ehemann.
TherapeutIn: Vielleicht haben Sie eine sofortige Vertrautheit oder Nähe erwartet, oder Sie haben gehofft, daß die Dinge schneller Gestalt annehmen würden. Die meisten Leute finden, sie haben eine ganze Zeit „unpassende" Familien, ehe sie zueinanderfinden.

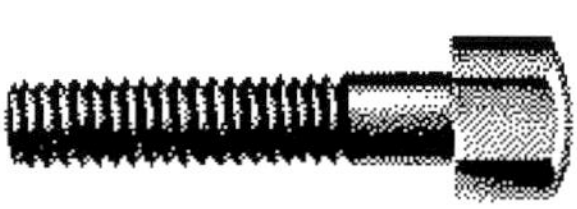

2.10 Teilen und verbinden

Definition

Teilen und verbinden – Verwenden Sie Worte und Gesten, um der KlientIn zu helfen, Unterscheidungen zu treffen, alte einschränkende oder unangenehme Assoziationen und Gewohnheiten aufzubrechen und die Dinge auf eine neue Weise mit mehr Möglichkeiten zu verbinden.

Begründung

Allgemein gesprochen, sind Teilen und Verbinden die Bausteine, mit denen wir der Welt Sinn verleihen. Wir treffen bestimmte Unterscheidungen (teilen), und wir haben bestimmte Assoziationen (verbinden). Viele Methoden, über die wir sprechen, beziehen diesen Mechanismus der mentalen Änderung ein, bei dem alte Gedanken, Gewohnheiten, Erwartungen und Muster aufgebrochen werden und sich neue Muster formen. Indem wir Worte und Gesten nutzen, helfen wir dabei, neue Unterscheidungen zu treffen und neue Assoziationen zu knüpfen, die Möglichkeiten öffnen.

Beispiele

KlientIn: Ich fühle mich furchtbar, weil Laverne nicht ein einziges Wort gesagt hat – er muß fürchterlich sauer auf mich sein.
TherapeutIn: Glauben Sie, er war ruhig, weil er sauer auf Sie war oder fühlte er sich vielleicht nur schlecht oder vielleicht dachte er nur über seinen Tag nach?

KlientIn: Gestern fühlte ich mich schrecklich.
TherapeutIn: Okay, ja, ich möchte gerne wissen, an welchen Tagen Sie sich schrecklich gefühlt haben und an welchen nicht.

KlientIn: Ich habe den sexuellen Mißbrauch genossen.
TherapeutIn: Meinen Sie, Sie fühlten körperliches Vergnügen, wollten aber nicht verletzt werden oder mochten Sie die Erfahrung, weil Sie zu jung waren, um zu wissen, daß es falsch und verletzend war oder haben Sie es einfach gemocht?

2.11 Das Problem externalisieren

Definition

Das Problem externalisieren – Stellen Sie das Problem außerhalb der KlientIn, indem Sie es personifizieren oder sehen Sie es als ein Set von Verhaltensweisen, so daß man sich leichter damit herumschlagen kann.

Begründung

Wenn das Problem so gesehen wird, daß es ganz in der Person lokalisiert ist oder, noch schlimmer, als eingebauter Teil der Person, scheint es viel schwerer zu verändern. Aber eine Schwierigkeit, die externalisiert wird, selbst spaßeshalber, wird entfernter und leichter im Umgang.

Beispiele

KlientIn: Ich bin eben ein depressiver Mensch
TherapeutIn: Das muß hart sein, in Depresso-Land zu leben.

KlientIn: Ich habe immer Angst.
TherapeutIn: Erzählen Sie mir von den Zeiten, wenn Sie dem Angst-Monster in die Augen schauen.

KlientIn: Ich bin dumm und häßlich.
TherapeutIn: Als ich jung war, hatte ich eine Howard-Cosell-Stimme in meinem Kopf, die zu allem, was ich falsch machte, einen kritischen Kommentar abgab. Was sagt Ihnen Ihre Howard-Cosell-Stimme, was Sie versuchen sollen, um sich zu überzeugen, daß Sie dumm und häßlich sind?

2.12 Metaphern und Geschichten verwenden

Definition

Metaphern und Geschichten verwenden – Metaphern und Geschichten sind indirekte Möglichkeiten, Ideen mitzuteilen. Sie schließen ein, über etwas zu reden, was etwas anderem entspricht oder dies repräsentiert.

Begründung

Wir verwenden Geschichten, um zu instruieren, auf notwendige Schritte zu verweisen, gute Beispiele zu geben und um beim Normalisieren zu helfen. Menschen erfreuen sich an Metaphern und Geschichten und erinnern sich leicht daran. Bill hatte einmal eine Freundin, die fünf Jahre Psychoanalyse machte. Da ihr Analytiker selten sprach, waren das einzige, an das sie sich wirklich erinnerte, was er während der fünf Jahre sagte, drei Geschichten, die er an kritischen Zeitpunkten der Behandlung erzählte. Ziemlich mächtige Sachen, diese Geschichten. Wir verwenden sie, um KlientInnen einen Werkzeugkasten bestätigender, ermutigender und anregender Bilder zu geben, an die sie sich leicht erinnern können. Eine Geschichte kann ein mächtiges Bilderangebot bereitstellen. Und eine Metapher, selbst das dümmste Cliché, kann helfen, Dinge in einem neuen Licht zu sehen.

Geschichten können aktuelle Erfahrungen und Entdeckungen wirklicher Menschen so wie die anderer KlientInnen, FreundInnen oder Berühmtheiten einbeziehen. Sie können gehörte oder erlebte Geschichten umfassen oder Mythen, Fabeln und Fiktion, wenn sie als solche benannt werden. Auch wenn einige TherapeutInnen sich dafür aussprechen, „wirkliche Geschichten des Lebens" zu erfinden und sie dann den KlientInnen so vorstellen, als hätten sie sich tatsächlich ereignet, erscheint uns dies ein wenig respektlos und kann unerwünschte Verwirrung oder Mißtrauen auslösen.

Beispiele

KlientIn: Ich fühle mich innerlich so aufgelöst.
TherapeutIn: Wie jedes System, das sich selbst heilt, sucht Ihre innere Ökologie die ihr eigene natürliche Balance.

KlientIn: Ich bin ein Versager, ich schlafe immer bis zum Mittag und versäume den Unterricht.
TherapeutIn: Als ich im College war, war ich Experte darin, morgens nicht aufzustehen. Ich hab' eine Wissenschaft daraus gemacht.

KlientIn: Nach diesem Knall mit Marge kann ich einfach nicht weitermachen.
TherapeutIn: Manchmal reinigt ein Knall die Luft, oder manchmal muß man einfach Verluste akzeptieren.

2.13 Neue Bezugsrahmen bereitstellen

Definition

Neue Bezugsrahmen bereitstellen – Verwenden Sie, was die KlientIn bringt, aber bieten Sie eine neue Sichtweise oder Interpretation an – und zwar desselben Materials, das gerade aus dem Rahmen genommen worden ist.

Begründung

Nehmen Sie das Rohmaterial, die Zucker-Lösung und re-kristallisieren Sie sie zu einer neuen (festen) Süßigkeit. Stimmen Sie den gegebenen Tatsachen zu, halten Sie einige davon zurück, und stellen Sie sie in anderen anderen Kontext. Das ist eine besonders nette Technik, weil sie sich auf die reichhaltigen Erfahrungen, die jede KlientIn zur Therapie mitbringt, stützt und diese organisiert.

Rahmenänderungen können u.a. sein:

- Nützlichere alternative Ansichten, die zu den Tatsachen passen
- Änderungen in Erklärungen und Bewertungen oder Geschichten
- Zuschreibung anderer Absichten, Eigenschaften, Gedanken, Gefühle und Erfahrungen
- Neue Etiketten und Namen

Beispiele

KlientIn: Ich sehe bei allem immer nur gleich das Schlimmste.
TherapeutIn: Moment, Moment, Sie haben mir gerade gesagt, Sie waren nicht sicher, ob er Sie führte oder nicht. Mir scheint, Sie schauen auf beide Seiten und Sie versuchen, eine ausgewogene Sicht zu behalten.

KlientIn: Es ist furchtbar – ich wiege 250 Pfund.
TherapeutIn: Also, manchmal sind Sie von der kulturellen Idee überzeugt, daß Menschen ein bestimmtes Gewicht oder ein bestimmtes Aussehen haben müssen, um akzeptabel zu sein?

KlientIn: Mein Bruder sagt, ich kann einfach mein Geld nicht zusammenhalten.
TherapeutIn: Sie geben also Ihr Geld ziemlich schnell aus und Ihr Bruder meint, es sei wichtig, Geld zusammenzuhalten? Spiegelt das irgendwie ein Gefühl von Reichtum wider, so irgendwie eine Art, als wüßten Sie, Sie würden immer genug haben, um längs zu kommen.

Kapitel 3
Problem und Ziele kartographieren

Vielleicht wundern Sie sich, warum wir solch ein grundlegendes Kapitel erst hier bringen und nicht am Anfang. Dachten Sie, wir hätten es einfach vergessen? Tatsächlich gibt es eine Reihe von Gründen dafür, aber ein Hauptgrund verdient besondere Beachtung. Diese Art von Therapie ist in keiner Weise richtungslos, aber sie ist auch nicht ausschließlich zielbestimmt. In dieser Art von Therapie sind wir so daran interessiert, auf Möglichkeiten und Lösungen zu fokussieren, daß wir sehr umfassend Möglichkeiten eröffnen und die KlientInnen bestätigen, noch ehe wir einen klaren Fokus für die Sitzung oder die Therapie haben. Es ist nicht nur möglich, sondern oft auch nützlich, diese Anerkennungs- und Veränderungsschritte schon in Bewegung zu setzen, noch ehe wir überhaupt das Problem oder die Ziele kennen.

Dieser etwas merkwürdige Verlauf kann auftreten, weil unser Fokus sich darauf richtet, KlientInnen zu helfen, herauszufinden, was sie gut können, und sich darauf zu konzentrieren, was gut läuft und wie sie zu dem Leben kommen, das sie sich wünschen, und wir richten den Blick eben nicht nur auf Symptome und behandeln dann diese Symptome. Die Schwierigkeiten, die unsere KlientInnen mitbringen, können gelöst werden, oder sie können herausfinden, daß sie über die Ressourcen verfügen, die sie brauchen, um sie zu lösen, oder sie können erkennen, daß sie nicht „krank" oder „verrückt" sind, wie sie befürchteten, bevor sie zu uns kamen. Oder sie können entscheiden, daß es tatsächlich alles in allem gar nicht so ein bedeutsames Thema war. Wir betrachten jedes dieser Ergebnisse als Erfolg!

Auf der anderen Seite ist es in der Therapie leichter, den Faden zu verlieren, wenn die Ziele nicht klar sind. Wenn wir uns verzettelt haben, nutzen wir Methoden, Ziele zu finden und Ziele zu setzen, und können dann wieder zum Anerkennen und Verändern zurückkehren.

Wohlgeformte Ziele bestehen aus Handlungen, die KlientInnen tun können, oder aus Bedingungen, die durch das Verhalten von

KlientInnen zustandegebracht werden können. Oftmals beinhalten sie Zeit-Elemente:

- Wie oft (Frequenz)
- Wann (Datum/Zeit/ Frist)
- Wie lange (Dauer)

Das Ziel kann in folgender Weise definiert werden:

1. Das Anliegen erfüllen, das die KlientIn zur Therapie brachte, oder
2. Erkennen, wann genügend Fortschritt erzielt ist, so daß wir die Therapie beenden oder eine Pause in der Therapie einlegen können.

Das Ziel muß auf Gegenseitigkeit beruhen. Falls es mehr als eine KlientIn gibt, oder wenn die KundIn (die Person, die die Therapie herbeiführte und motiviert ist, dafür zu sorgen, daß sich die Dinge ändern) nicht die KlientIn ist, müssen alle Parteien darin übereinstimmen, daß das Ziel relevant und erreichbar ist.

Manchmal ist es wichtig, die KlientInnen darüber zu informieren, daß Sie nach einem erreichbaren Ziel suchen und ihnen eine Anleitung für Ihre Suche geben. Zum Beispiel:

1. „Ich komme noch einmal auf diese Frage zurück, wie wir wissen werden, wann wir erfolgreich gewesen sind und unsere Treffen beenden können, weil ich sicherstellen will, daß wir an Ihren Zielen arbeiten und nicht an meinen."
2. „Ich bin besorgt, daß das, was wir hier tun, Teil des Problems werden könnte (oder geworden ist) und nicht Teil der Lösung. Ich denke, ein Ziel zu bestimmen wird helfen, das zu vermeiden, weil wir dann einen klar erkennbaren Haltepunkt haben."
3. „Manchmal wird Therapie ein unsicheres Geschäft. Das ist dann so, wie einen Pudding an die Wand zu nageln. Es kann entmutigend sein, mich zu fragen, ob ich Leuten wirklich dabei helfe, sich zu ändern, oder ob einfach nur die Zeit vergeht. In diesem Fall würde es mir weiterhelfen, ein spezifisches Ziel festzumachen."

Aber es ist auch möglich und nützlich und – ja – sogar erlaubt, Therapie mit Reden über Ziele zu beginnen, sofort von Anfang an. Wir fokussieren so früh wie möglich auf das Ziel und ein erfolgreiches Ergebnis, ohne aber dabei die KlientInnen außen vor zu lassen. Wenn wir Botschaften erhalten, daß die KlientInnen über das Fokussieren auf Ziele irritiert sind, erklären wir entweder unsere Absicht oder wir halten inne und kommen zu dem zurück, was sie uns für sich als wichtiger anzeigen. Das Folgende ist ein konkretes Beispiel für das Sprechen über Ziele in den ersten Minuten einer Therapie:

„Das könnte ein komischer Anfang sein, aber ich weiß immer gerne, wohin ich gerade gehe, so kann ich besser auf das hören, was für Sie hilfreich ist. Also, wenn Sie können, erzählen Sie mir, was Sie hoffen, was in Ihrem Leben geschehen wird, wenn wir hier erfolgreich gewesen sind. Was werden Sie nach der Therapie tun? Wie werden andere wissen, daß Sie sich geändert haben? Wie werden Sie das wissen? Und wenn Sie können, würde ich das gerne auf eine Art und Weise hören, als würde ich mir das auf einem Videoband anschauen."

Denken Sie aber an die Sprache: Wir finden es sehr hilfreich, Worte wie „Klage", „Schwierigkeit", „Anliegen" zu benutzen und nicht Problem. Aber wir stellen sicher, daß wir KlientInnen nicht entwerten, wenn wir diese Sprache benutzen! Und wir machen deutlich, daß wir die Themen und Fragen ernst nehmen. Wenn KlientInnen denken, das ist ein Problem und sie scheinen sich zu wünschen, daß diese alternativen Wörter so gut wie nicht benutzt werden, dann nur zu – benutzen Sie das „P"-Wort.

3.1 Spezifische und erreichbare Ziele aushandeln

Definition

Handle mit den KlientInnen spezifische und erreichbare Ziele aus – Verhandeln Sie erreichbare Ziele in Videosprache, in Begriffen von Verhalten oder Ergebnissen, die auf Videofilmen gesehen und gehört werden könnten.

Begründung

In Zeiten von Streß können KlientInnen leicht den Blick auf das verlieren, was zählt, so daß es nützlich sein kann, klare, konkrete Ziele zu formulieren. Das hilft beiden, KlientIn wie TherapeutIn, ihre Aufmerksamkeit zu fokussieren. Spezifisch zu werden, hilft uns zu überprüfen, ob die Ziele realistisch sind und später, ob sie erreicht sind. Dies ist ein wichtiges Stadium in der Therapie, da wir glauben, daß KlientInnen mit Ideen und Anliegen kommen und durch Konversation, (Mit-) Gestalten und Überprüfen arbeiten wir gemeinsam daran, einen Fokus für die Therapie zu schaffen. Wie beim Schachspiel definieren die Eröffnungszüge die möglichen weiteren Züge im Spiel. Dies ist ein wichtiger Punkt für das Eröffnen von Lösungsmöglichkeiten.

Manchmal helfen wir KlientInnen, Ziele vom Ideal hin zum Praktischen zu verkleinern, indem wir nach Zwischen- oder Teilzielen fragen oder nach Schritten auf dem Weg zum Erreichen des Ziels.

Beispiele

KlientIn: Er hat so eine komische Einstellung.
TherapeutIn: Und wenn er eine bessere Einstellung hat, wie wird es Ihnen möglich sein, das zu beschreiben? Was sind einige der Dinge, die er sagen oder tun wird, die Ihnen diese Veränderung zeigen?

KlientIn: Ich werde anfangen, mit Drogen aufzuhören.
TherapeutIn: Das ist ein richtig großes Ziel. Um in dieser Richtung voranzukommen, was müßten Sie in der nächsten Woche tun?

KlientIn: Ich habe keine Lust mehr, alles zu verkorksen.
TherapeutIn: Erzählen Sie mir, wie es aussehen wird, wenn Sie aufhören, alles zu verkorksen. Wie wird dann ein typischer Tag aussehen?

3.2 Klagen spezifizieren

Definition

Klagen spezifizieren – Wenn die Klage für KlientIn oder TherapeutIn unklar erscheint, regen Sie die KlientIn an, sie kurz in Videosprache zu beschreiben.

Begründung

Lassen Sie die KlientIn in Videosprache genau beschreiben, wie die Schwierigkeit klingt, aussieht oder was sie denkt, wenn sie auftritt. Sobald dies klar ist, verschieben Sie den Fokus darauf, wie die Dinge sein werden, wenn die Klage sich aufgelöst hat, so daß KlientIn und TherapeutIn nicht im Problem-Land steckenbleiben.

Wenn Sie das Ziel klären und spezifizieren, wird Ihnen das gewöhnlich helfen, die Klage zu verstehen. Wenn Sie die Klage klären, macht dies den Blick auf das Ziel schärfer.

Beispiele

KlientIn: Richard benimmt sich nicht und ich bin mit meiner Weisheit am Ende.
TherapeutIn: OK, wenn Sie sagen, er benimmt sich nicht, dann brauche ich genaue Beispiele, um zu verstehen, was Sie meinen. Was genau sagt er oder tut er?

KlientIn: Er ist einfach hoffnungslos psychotisch.
TherapeutIn: Was sind einige der Sachen, die er sagt, die auf Sie diesen Eindruck machen?

KlientIn: Ich fühl' mich einfach die ganze Zeit nur schlecht.
TherapeutIn: Das klingt richtig schlimm. Und ein bißchen genauer, was beinhaltet dieses „sich schlecht fühlen"? Was denken Sie, was Sie tun, wenn Sie sich schlecht fühlen, im Gegensatz dazu, wenn Sie sich besser fühlen?

3.3 Erreichbare Ziele spezifizieren

Definition

Erreichbare Ziele spezifizieren – Gehen Sie hinsichtlich der Ziele ins Detail, und stellen Sie sicher, daß sie erreichbar sind, insbesondere durch eigene Anstrengungen der KlientInnen.

Stellen Sie Fragen, um Ziele zu klären, einprägsame Bilder der gewünschten Handlungen und Resultate zu schaffen, und um die Annahme zu stärken, daß Erfolg sich einstellen wird. Zwei Fragen sind besonders nützlich:

„Woran werden wir erkennen, wenn wir dahin kommen?"

„Woran werden wir erkennen, daß wir das Ziel erreicht haben?"

Begründung

Wenn wir Ziele und Teilziele definieren, müssen wir auch sicherstellen, daß sie das wiedergeben, was die KlientInnen wollen und nicht irgendwelche Ideen, die sich einfach in den Verlauf der Therapie eingeschlichen haben!

Beispiele

KlientIn: OK, ich muß sie also anrufen und um Entschuldigung bitten, bevor ich den Job übernehme?
TherapeutIn: Nun, nur um sicherzugehen, daß wir noch auf der Spur sind, ist dieser Job das, was sie wirklich wollen?

KlientIn: Ich möchte, daß meine Ehe perfekt ist.
TherapeutIn: OK, können wir das etwas mehr ins Realitäts-Land bringen – und etwas weniger unklar sein? Was sind einige spezifische Dinge, die anzeigen werden, es hat sich verbessert?

Klient: Ich möchte sie dahin bringen, daß sie mich liebt.
TherapeutIn: Hmmm... nun, wenn ich einen Liebestrank hätte, könnte ich richtig Geld machen. Aber ich habe keinen – wir können es daher hier nur im Rahmen meiner Möglichkeiten machen. Was vermuten Sie, welches Verhalten würde sie mehr zeigen, wenn sie Sie mehr liebt?

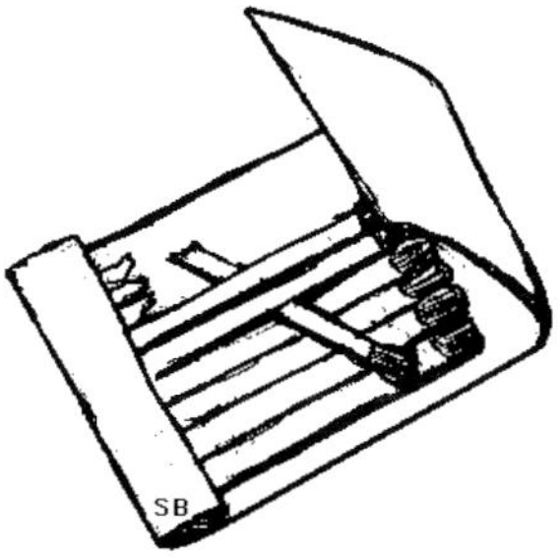

3.4 *Vage Ziele quantifizieren*

Definition

Vage oder „gefühlsmäßige" Klagen und Ziele quantifizieren – Lassen Sie KlientInnen ihre Anliegen, ihr Leiden oder unangenehme Empfindungen einschätzen oder skalieren. Dann lassen Sie sie beschreiben, wo auf dieser Skala sie sich befinden werden, wenn das Problem gelöst ist oder die Therapie erfolgreich war.

Begründung

Wir bevorzugen es ganz einfach, vage Wörter oder Beschreibungen in eine handlungsbezogene Sprache zu übersetzen. Ziele sind leichter überprüfbar, wenn KlientInnen sie beschreiben, als ob sie auf einem Videoband gesehen und gehört werden könnten. Manchmal allerdings können es Leute nicht ausstehen, ihre Anliegen handlungsbezogen zu beschreiben. Das fühlt sich für sie falsch oder gezwungen an. Wenn die TherapeutIn dann darauf besteht, können sich KlientInnen nicht gehört oder mißverstanden fühlen. Lassen Sie stattdessen die KlientInnen ihr subjektives Empfinden des Problems und das erwünschte Gefühl oder den Zustand, der den Erfolg anzeigen würde, quantifizieren, skalieren oder einschätzen. Dann finden Sie Schritte heraus, die die KlientInnen tun könnten, die die Einschätzung auf das gewünschte Ausmaß verbessern würde.

Beispiele

KlientIn: Ich weiß nicht, was ich tun würde, wenn ich mich besser fühle. Es ist nichts, das ich mache, es ist innen drin.
TherapeutIn: Auf einer Skala von 1 bis 100, wo würden Sie Ihr momentanes oder bisheriges Selbstwertgefühl einschätzen und wo wird es auf dieser Skala sein, wenn Sie erfolgreich bei Ihrem Therapieziel angekommen sind?

KlientIn: Ich möchte, daß meine Ehe besser wird.
TherapeutIn: Okay, das ist etwas vage für mich – was denken Sie, wieviel Prozent der Zeit ist Ihre Ehe im Moment in Ordnung, und um wieviel müßte sich das für Sie verbessern, um zu spüren, es ist da, wo sie hinkommen möchten?

KlientIn: Ich kann gut etwas vortäuschen. Keiner weiß, daß ich depressiv bin.
TherapeutIn: Auf einer Skala von 1 bis 10, was ist bisher Ihr Wert für Depression gewesen, wenn 0 der depressivste Punkt überhaupt bisher für Sie gewesen ist?
KlientIn: Eine Fünf.
TherapeutIn: Okay, was denken Sie könnten Sie tun, was helfen würde, dieses Niveau im Lauf der nächsten Woche auf eine Sechs anzuheben?

3.5 Teil-, Zwischenziele spezifizieren

Definition

Teil-, Zwischenziele spezifizieren – Es kann manchmal hilfreich sein, sich darüber zu verständigen, Zwischenziele zu klären, und Überbrückungs-Wegweiser herauszuheben, die Hinweise auf Fortschritte auf dem Weg zum Ziel geben.

Begründung

Die meisten von uns lassen sich auf dem Weg durch kleine Belohnungen ermutigen, durch kleine Rückmeldungen, daß wir uns auf der richtigen Spur befinden. Zum einen macht es unsere Arbeit handhabbarer, wenn große Aufgaben in kleine Schritte eingeteilt werden. Zum anderen ermutigen uns deutliche Signale auch, nach dem nächsten Wegweiser Ausschau zu halten, den Blick aufs Ziel gerichtet zu halten oder zumindest in die Richtung schauen. Das heißt, der Fokus verändert sich von „Kann ich das tun?“ zu „Was ist das nächste Zeichen dafür, daß ich es BEREITS tue?“

Beispiele

KlientIn: Ich wünsche mir, eine gute Beziehung zu finden.
TherapeutIn: Okay, Zeit, eine Strategie zu entwerfen! Was können Sie als erstes tun?

KlientIn: Ich werde diese verdammte Dissertation schreiben!
TherapeutIn: Okay, ein gutes Ziel, aber das ist ein ziemlich großer Happen auf einmal, lassen Sie ihn uns in ein paar kleinere Häppchen aufteilen.

Klient: Ich fühle mich fragmentiert.
TherapeutIn: Was wird das erste Zeichen dafür sein, daß Sie eine Einheit werden?

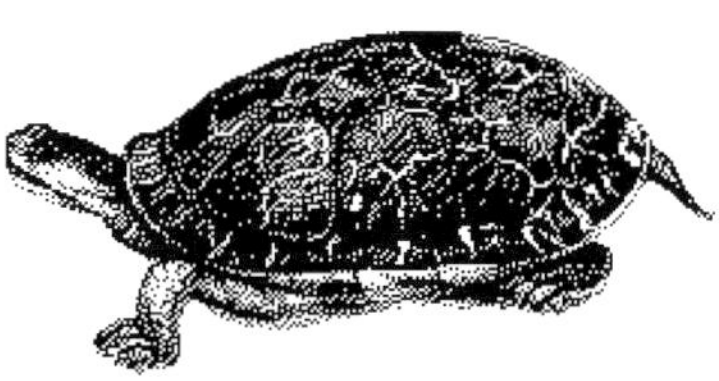

3.6 Optionen anbieten

Definition

Optionen in Fragen und Äußerungen anbieten – Bieten Sie Multiple-choice-Fragen an, eine andere Form zu fragen, die neue Ideen säen kann, während Sie Informationen einholen.

Begründung

Stellen Sie Multiple-choice-Optionen bereit, wenn KlientInnen zögern, klare Ziele zu benennen, oder wenn sie Ihre Fragen nach Zielen weiterhin mit vagen Wörtern oder Beschreibungen beantworten. Feinfühligkeit für verbale und nonverbale Hinweise wird Ihnen helfen, diese Methode maximal auszuschöpfen. Während wir die einzelnen Wahlmöglichkeiten anbieten, achten wir sehr sorgfältig auf jede Reaktion unserer Gegenüber. Einige Leute, besonders Kinder, können sich damit schwertun, komplexe Gefühle und Ideen in Worte zu fassen, und wiederholte Multiple-choice-Fragen geben ihnen eine Möglichkeit, sich verstanden zu fühlen. Denken Sie daran, daß Ideen ansteckend sein können, und die Multiple-choice-Optionen, die Sie bereitstellen, werden vermutlich die Art und Weise beeinflussen, in der Ihre KlientInnen ihre Anliegen und ihr Ziel konzeptualisieren.

Beispiele

KlientIn: Ich fühle mich nicht so gut.
TherapeutIn: Heißt das, daß Sie emotional unglücklich waren, oder daß Sie ein medizinisches Problem haben oder daß sie mit den Dingen, die Sie taten, nicht glücklich waren?

KlientIn: Ich mach' sowas hier. (Zieht sich an den Haaren)
TherapeutIn: Wann haben Sie bisher typischerweise an Ihrem Haar gezogen? Nachts? Oder wenn Sie alleine waren? Oder beim Fernsehen? Oder wenn Sie müde waren?

Klient: Ich habe keine Ahnung von Frauen.
TherapeutIn: Nun, meinen Sie, Sie sind sich nicht sicher, wie Sie ein Gespräch mit einer Frau anfangen können, wie Sie ihr sexuell begegnen können, oder wie Sie mit ihr eine Verabredung treffen können?

3.7 Zauber-Fragen

Definition

Zauber-Fragen – Stellen Sie Fragen, die die KlientInnen auf eine Zukunft hin orientieren, in der sich die Dinge regeln lassen, ohne innehalten zu müssen, und finden Sie genau heraus, wie man in diese Zukunft gelangt.

Begründung

Zauber-Fragen helfen uns bei einer Reihe von Aufgaben:

- Klären von Zielen und sich darauf konzentrieren.
- Aufbauen einprägsamer Bilder von erwünschten Verhaltensweisen.
- Aufbauen der Vorstellung, daß Erfolg eintritt.
- Helfen, den Saft zu finden, die kraftvollen Interessen und die Bilder, die die KlientInnen antreiben.

Von da an kommt es natürlich darauf an, sich von dieser idealen Zukunft aus zurückzuarbeiten – zu Verhaltensschritten, die eine solche Zukunft schaffen können. Manchmal kann allerdings allein schon der Umstand, daß KlientInnen sich dazu bewegen lassen, ein Ziel zu klären, sie in Richtung dieser Zukunft ziehen, ohne genau zu klären, wie sie dahin kommen.

Beispiele

KlientIn: Ich weiß nicht, was ich mit meiner Tochter anstellen soll.
TherapeutIn: Stellen Sie sich ein Wunder vor, so daß sich die Dinge zwischen Ihnen und Ihrer Tochter plötzlich geregelt haben – erzählen Sie mir die Einzelheiten, wie das sein würde.

KlientIn: Die Schule läuft nicht, mein Job läuft nicht, meine Beziehungen laufen nicht, und ich weiß nicht, was ich tun soll.
TherapeutIn: Nun, lassen Sie uns für einen Moment so tun, als ob. Was wäre, wenn Ihre wildesten Träume wahr werden könnten, und plötzlich liefe alles wie geschmiert, was würden Sie tun?

KlientIn: Ganz sicher wünschte ich mir, zurück zu meiner Kunst zu kommen.
TherapeutIn: Wenn wir einen Zauberstab hätten, und Ihre Kreativität würde fließen, welche Art künstlerischer Dinge würden sie tun oder herstellen?

3.8 Ziele als erreicht voraussetzen

Definition

Ziele als erreicht voraussetzen – Gehen Sie davon aus, daß die Therapie erfolgreich sein wird. Benutzen Sie Wörter wie „werden“, „wenn“ und „noch“, wenn Sie über die Ziele der KlientInnen für die und nach der Therapie sprechen.

Begründung

ERICKSON sagte einmal, wenn seine KlientIn in ein psychiatrisches Hospital müsse, würde er immer mit ihm oder ihr darüber diskutieren, woran sie arbeiten werden, nachdem die Person wieder aus dem Hospital entlassen wurde, um ihr zu versichern, daß sie oder er tatsächlich herauskommen werde. Er würde das Herauskommen bzw. die Entlassung aus dem Hospital voraussetzen. Auf eine ähnliche Weise möchten wir voraussetzen, daß KlientInnen ihre Ziele erreichen. Denken Sie daran, daß Sprache ein Virus ist, und es ist naheliegend, daß, wenn Sie Erfolg voraussetzen, Ihre KlientInnen von Ihrem Vertrauen darin infiziert werden, daß sie ihre Ziele erreichen.

Beispiele

Klient: Ich bin zu ängstlich, um Kontakt mit Frauen aufzunehmen.
TherapeutIn: Sie haben bisher noch keine Frau wegen einer Verabredung angesprochen, und Sie würden gerne in der Lage sein, eine Beziehung aufzunehmen?

KlientIn: Ich möchte aus dieser Depression heraus.
TherapeutIn: Wenn Sie sich besser fühlen, weniger depressiv oder gar nicht depressiv, werden Sie früher aufstehen und mehr Zeit mit FreundInnen verbringen?

KlientIn: Ganz sicher möchte ich zu meinem Schreiben zurückfinden.
TherapeutIn: Wenn Sie wieder mehr schreiben, wird das ein Anzeichen dafür sein, daß die Dinge in die richtige Richtung laufen?

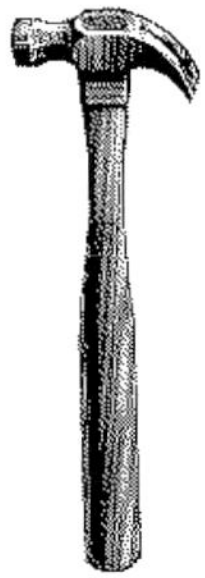

3.9 Symptom-Sprache vermeiden

Definition

Benutze Alltagssprache, keine Problem-Sprache, um Anliegen und Ziel zu beschreiben – Wir vermeiden den medizinischen Jargon und benutzen in unseren therapeutischen Konversationen allgemein gebräuchliche Wörter. Das kann helfen, sowohl KlientInnen als auch uns aus dem Kauderwelsch der Symptom-Sprache herauszubringen und wieder in den Alltagsbereich von Gedanken und Gefühlen und Verhalten zu kommen.

Begründung

Wenn wir Wörter wie „Schwierigkeiten", „Anliegen" und „sich niedergeschlagen fühlen" benutzen, könnte das so aussehen, als ob wir uns nur mit weniger bedeutsamen Problemen beschäftigen. Wir benutzen eine solche Sprache jedoch auch für Menschen mit Diagnosen wie Anorexie, Schizophrenie oder involutionale Depression. Sogar große Schwierigkeiten übersetzen wir absichtlich in eine übliche, nicht-medizinische Alltagssprache, um die äußerst erschreckend und unkontrollierbar scheinenden Erfahrungen aus dem mystischen medizinischen Gebiet heraus und zurück in die menschliche Welt aus Verhalten und Veränderungen und Wahlmöglichkeiten zu bringen.

Während wir in keiner Weise die Schmerzen der KlientInnen herunterspielen oder ernsthafte Angelegenheiten weniger ernsthaft behandeln wollen, unterstreicht diese Art des Sprechens, daß jedes Individuum einzigartig ist, außergewöhnlich und weit mehr als nur eine diagnostische Kategorie. Und jede/r KlientIn verfügt über einzigartige Erfahrungen, verfügt über Ressourcen und Wege, die Schwierigkeiten zu meistern, auf die sie gestoßen sind.

Beispiele

KlientIn: Er ist schizophren, deshalb ist er nicht in der Lage, dabei zu sein.
TherapeutIn: Hört sich an, als ob seine schizophrenen Zeiten in den letzten paar Wochen schlimmer gewesen sind. Was unterscheidet die verrückten Zeiten von den üblichen Zeiten mit ihm?

KlientIn: Der Doktor sagt, er habe ein Hyperkinetisches Syndrom mit einer Aufmerksamkeits-Defizit-Störung. Und ich weiß nicht, was ich machen soll.
TherapeutIn: Nunja, da Sie wahrscheinlich keine Zeit hatten, Mediziner-Latein zu lernen, könnten wir mit einer Übersetzung beginnen – einfach gesagt, der Doktor sagte, daß er viel 'rum-

hüpft und nicht so viel Aufmerksamkeit zeigt wie die meisten Kinder.

Klient: Mein Arzt sagte, ich habe eine funktionelle Impotenz und er schickte mich zu Ihnen.
TherapeutIn: So, und wann hat Sie das zum letzten Mal hart gemacht?

3.10 Richtungen und Trends nutzen

Definition

Richtungen und Trends nutzen und nicht unbedingt Ziele – Wenn Ziel-Sprache zu anstrengend scheint, fragen wir KlientInnen, ob einige der Dinge, die geschehen, einen Trend darstellen, den sie gerne fortgesetzt sähen, oder ob Dinge, von denen sie sagen, daß sie sie sich wünschen, eine Richtung angeben, die sie weiterverfolgen möchten.

Begründung

Manchmal können Ziele aufgesetzt und erzwungen wirken, oder KlientInnen sind aufgebracht, wenn wir zu sehr auf Zielfragen herumreiten. Da es unsere Absicht ist, herauszufinden, was für unsere KlientInnen relevant und nützlich ist, lassen wir uns auf eine unscharfe Formulierung eines Trends oder einer Richtung ein. Die meisten KlientInnen spezifizieren am Anfang einer Therapie Ziele nicht präzise, es sei denn, sie sind im Zielesetzen trainiert oder Ingenieure oder Software-Programmierer!

Beispiele

KlientIn: Ich habe in letzter Zeit viel Freude an unserer Ehe gehabt.
TherapeutIn: Ist das eine gute Richtung für uns, auf die wir uns in unserer Zusammenarbeit konzentrieren können, die Freude an Ihrer Ehe zu vergrößern?

KlientIn: Ich habe ein paar Pfund zugenommen.
TherapeutIn: Ich weiß, daß Sie das früher verrückt gemacht hat als die Anorexie sie in den Fängen hatte. Ist dieser Trend jetzt trotzdem in Ordnung für Sie?

KlientIn: Ein Teil von mir hat Angst davor, daß Sie mich töten werden, und ein Teil vertraut Ihnen und weiß, das ist verrückt.
TherapeutIn: Also, wir werden wissen, daß wir Fortschritte machen, wenn das Vertrauen größer wird und die Angst verblaßt?

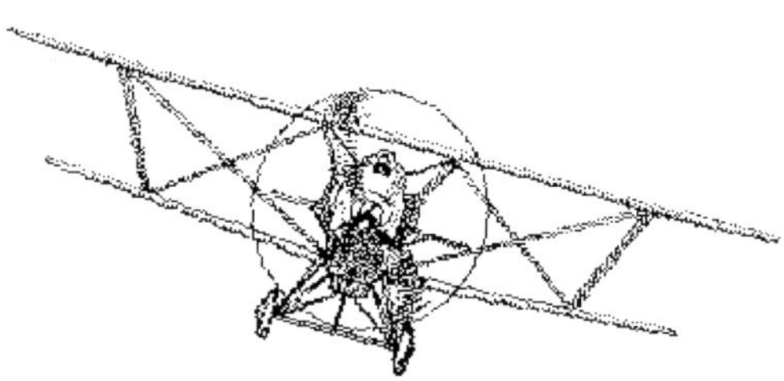

Kapitel 4
Interne und externe Ressourcen einbinden

Wir haben diese sonderbare Idee, daß unsere KlientInnen sehr ressourcenreich sind, daß sie Ressourcen in sich selber haben wie auch in ihrer Umgebung, die ihnen helfen können, ihre Anliegen zu erfüllen und ihre Ziele zu erreichen. Carlos CASTANEDA schildert in einem seiner Bücher, wie er bei Don Juan, einem Yaqui-Lehrer, lernt, der ihn immer wieder zu Abenteuern in die Wüste ausschickt, um dort seine „Verbündeten" zu treffen, Geister, die versuchen, CASTANEDA zu überlisten und zu töten. Es gelang ihm jedoch immer, diese Geister zu besiegen, obwohl es oft ziemlich knapp ausging. Nach einem besonders gruseligen nächtlichen Kampf wanderte *Castaneda* zu Don Juans Haus zurück und beklagte sich, daß er wieder einmal von einem dieser Verbündeten fast getötet worden wäre. Er fragte Don Juan, warum die Verbündeten immer stärker und cleverer würden. Don Juan erwiderte, daß die Verbündeten immer haargenau zu CASTANEDAS Stärke paßten. Sie waren nicht stärker oder schwächer als er, und so war der Ausgang des Kampfes nicht vorherbestimmt. „Es sind Dir nie Verbündete geschickt worden, die Du nicht besiegen könntest, weil sie immer Deiner eigenen Stärke entsprachen. In dem Maße, in dem Du stärker wirst, werden auch die Verbündeten, die sich Dir entgegenstellen, stärker. Es ist ein gutes Zeichen, wenn stärkere Verbündete aufzutauchen beginnen. Wenn Du einen Verbündeten besiegst, tritt seine Stärke in Dich ein und wird ein Teil von Dir."

Wir denken in dieser Weise über KlientInnen. Sie stehen nie Schwierigkeiten gegenüber, die ihre Ressourcen überschreiten. Diese Ressourcen können persönliche sein, interpersonale oder spirituelle.

Nun, das mag eine fremde oder vielleicht naiv optimistische Idee sein, aber sagen Sie das nicht Ihren KlientInnen! Sie scheinen immer Ressourcen zu zeigen. So haben wir es entweder mit einer Elite von Menschen zu tun, die unser Büro betritt oder sie sind vielleicht einfach von dem beeinflußt, was wir von ihnen erwarten.

Die Methoden in diesem Abschnitt sind dazu gedacht, KlientInnen mit ihren eigenen Ressourcen in Kontakt zu bringen, mit ihren Fähigkeiten, ihren Möglichkeiten und damit, auf andere als die bisherigen Weisen zu denken. Wir helfen ihnen, Ressourcen zu finden und im Blick zu halten, die sie bislang bereits gezeigt haben, und wir helfen auch dabei, nach Ressourcen Ausschau zu halten, die die Menschen und die Gemeinschaft um sie herum bereithalten.

4.1 Erfahrungen von Ressourcen hervorrufen

Definition

Erfahrungen von Ressourcen hervorrufen – Benutze Beispiele aus der Lebensgeschichte der KlientInnen, um die innere Erfahrung hervorzurufen, bereits über Ressourcen zu verfügen.

Begründung

Wenn sich jemand schlecht fühlt, springen einem die verfügbaren Dinge, also das, was einem in diesem Fall gut tut, nicht immer sofort ins Auge! Die TherapeutIn kann gut vorbereitet mit einem Set von Fragen kommen, um vergangene Zeiten der Kompetenz, Fähigkeiten und Hoffnung hervorzurufen. Wir bitten KlientInnen, im einzelnen zu schildern, was sie tatsächlich getan und gefühlt haben, auch wenn das dann so aussieht, als hätte es mit dem anstehenden Thema nichts zu tun.

Es ist wichtig, KlientInnen nicht nur an die Dinge zu erinnern, in denen sie gut sind und die ihnen Freude machen, sondern ihnen auch zu helfen, sich an das emotionale Erleben dieser Ressourcen anzukoppeln, indem sie sehr genau über Fähigkeiten, die Art, wie sie Dinge bewerkstelligt haben, über ihr Zutrauen und über ihre Zufriedenheit mit den Dingen, die sie getan haben, befragt werden. Auf diese Weise können sie uns zeigen, daß sie über Ressourcen verfügen und verfügt haben, anstatt daß wir versuchen, sie davon zu überzeugen.

Beispiele

KlientIn: Aber was kann ich tun? Ich habe in meinem ganzen Leben noch keine Verabredung gehabt!
TherapeutIn: Lassen Sie uns einmal anschauen, wann Sie mit anderen Leuten eine gute Zeit verbracht haben. Erzählen Sie mir etwas darüber, wie sie mit Ihren guten Freunden und Freundinnen sprechen und wie Sie sie kennenlernten.

KlientIn: Ich habe Schwierigkeiten in der Schule, und meine Mutter schreit mit mir 'rum, so daß ich einfach in mein Zimmer gehe und Comics lese. Ich gehe so darin auf, daß ich vergesse, meine Hausaufgaben zu machen.
TherapeutIn: Also ist es wahrscheinlich, daß Du viel Zeit mit Comic-Lesen verbringst, wenn die Dinge nicht so gut für Dich laufen. Erzähl mir, was Dir an Comics gefällt.

Klientin: Die anderen Mädchen in der Schule lachen mich aus, weil ich anders aussehe als sie.
TherapeutIn: Ich höre, daß Du einige Brieffreundinnen hast – wie hast Du Dich mit Ihnen angefreundet?

4.2 Abzweigungen finden

Definition

Abzweigungen finden – Erfragen oder besprechen Sie im Detail Punkte, die Wahlmöglichkeiten eröffnen und Veränderungszeiten anzeigen, Zeiten, zu denen die KlientInnen eine Wahl getroffen oder eine Veränderung zum Besseren bewerkstelligt haben. Dann erkunden Sie ähnliche Gelegenheiten in der Gegenwart und Zukunft.

Begründung

Zeiten, in denen KlientInnen sogar die kleinsten Veränderungen zum Besseren bewerkstelligten, können auf Interventions-Möglichkeiten verweisen. Das gilt auch für Zeiten, in denen die KlientInnen Veränderungen zum Schlechteren auf den Weg brachten. Beide Typen von Veränderung können uns etwas über die Dinge sagen, die das Problem-Muster aufbrechen, und sie helfen uns, den genauen Ansatzpunkt für unsere Interventionen festzumachen.

Das Interessante daran ist, daß sogar sehr kleine Veränderungen im Verhalten oder in der Art, das Problem zu sehen, einen Unterschied machen können. Sie können Vorstellungen über Veränderungen verfügbarer machen und die Angelegenheit wieder zurück unter die Kontrolle der KlientInnen bringen.

Beispiele

Klientin: Das mit meinem Mann geht so nicht weiter.
TherapeutIn: Sie sagten mir, daß die Dinge im ersten Jahr Ihrer Ehe auch nicht gut liefen. Wie kamen Sie damals aus dem Tief heraus? Was machte den Unterschied?

KlientIn: Nun, es ist nicht ganz so schlimm diese Woche.
TherapeutIn: Was war das erste Zeichen, daß Sie bemerkten, daß die Schmerzen nachließen?

KlientIn: Ja, ich habe etwas geschrieben, – drei Seiten, echt.
TherapeutIn: Sie haben in dieser Woche drei Seiten geschrieben – was hat Sie drangehalten?

4.3 *Problemfreie Zeiten finden*

Definition

Problemfreie Zeiten finden – Untersuchen Sie im Detail, wie der oder die KlientIn fühlte und handelte, als die aktuelle Schwierigkeit nicht auftrat, vielleicht nur für einen kleinen Moment nicht.

Begründung

Wenn wir genügend Zeit haben, können wir Menschen über eine Vielzahl von Dingen nachdenken, aber zu jedem gegebenen Zeitpunkt ist unsere „Kanalkapazität" begrenzt. Diese Begrenzung verursacht uns offensichtlich manche Schwierigkeit, bietet aber auch einige Vorteile. Zum Beispiel, wenn wir einige starke, hoffnungsvolle, erfreuliche, mitreißende Vorstellungen im Kopf haben, haben wir weniger Platz frei, um auf das zu achten, was schief läuft. Diese „Begrenzung" hilft uns auch, konzentriert und in Bewegung zu bleiben.

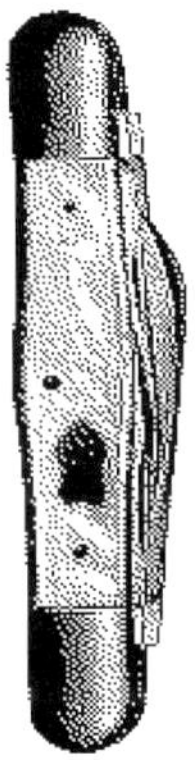

Wenn wir KlientInnen bitten, sich Zeiten ohne das Problem in Erinnerung zu rufen, dann:

- helfen wir ihnen, ihren Kopf mit Bildern und Assoziationen zu füllen, wie die Dinge gut laufen,
- verbinden wir sie wieder mit den Fähigkeiten, die damals zum Tragen kamen
- und setzen vielleicht einige der mentalen und emotionalen Muster in Bewegung, die früher gut funktionierten.

Beispiele

KlientIn: In letzter Zeit haben wir viel Krach.
TherapeutIn: Was tun Sie gerne, wenn Sie beide keinen Krach haben?

KlientIn: Nun, ich fühle mich ziemlich hoffnungslos, ausgenommen diese seltsame Woche nach dem Unfall.
TherapeutIn: Das ist interessant! Erzählen Sie mir mehr über diese Woche.

Klient: Zur Zeit bin ich alleine mit mir und meiner Honky-Tonk-Musik.

TherapeutIn: Das hört sich danach an, daß Sie im Moment etwas einsam sind. Gab es zuletzt irgendwelche Zeiten, in denen Sie sich alleine fühlten, aber nicht wirklich einsam waren?

4.4 Ausnahmen finden

Definition

Ausnahmen finden – Suchen Sie nach Zeiten, in denen das Problem erwartet wurde, aber etwas anderes passierte oder die KlientInnen sich anders verhielten.

Begründung

Es gibt fast immer Ausnahmen zu einem beschriebenen Problem:

- Zeiten, in denen es nicht auftritt.
- Wenn es nicht auf die gleiche Art und Weise auftritt.
- Oder wenn es eine andere Reaktion darauf gibt, selbst wenn das nur dann der Fall ist, wenn die KlientIn schläft.

Solche Zeiten können zum Türöffner für immer längere Zeitabschnitte werden, in denen die KlientInnen sich frei von der Schwierigkeit erleben.

Beispiele

KlientIn: Ja, außer am letzten Sonntag, vergessen Sie's.
TherapeutIn: Warten Sie – am letzten Sonntag verbrachten Sie den ganzen Tag mit Ihrer Mutter, ohne sich schuldig zu fühlen? Wie haben Sie das geschafft?

KlientIn: Ich kann das nicht kontrollieren, alles gerät durcheinander, und ich drehe durch und niemand ist davor sicher.
TherapeutIn: Sie sagten, daß Sie nie die Gitarre beschädigten, die Ihr Cousin für Sie aufbewahrte. Welche anderen Gegenstände können Sie oder könnten Sie sogar in den schlimmsten Zeiten schützen?

KlientIn: Ich schätze, das ist nicht allzu überraschend, ich bin dann nicht sehr hungrig.
TherapeutIn: Das heißt, im Zahnarztsessel hören Sie auf, an Essen zu denken. Das ist ein Anfang.

4.5 Das finden, was funktioniert

Definition

Das finden, was funktioniert – Lassen Sie sich detailliert beschreiben, was bislang in ähnlichen Situationen für die KlientInnen geklappt hat, oder sprechen Sie darüber, was bei anderen Leuten mit dieser Schwierigkeit funktionierte.

Begründung

Es ist nicht ungewöhnlich, daß KlientInnen in der Vergangenheit mit einer ähnlichen Schwierigkeit zu tun hatten und sie erfolgreich gelöst haben. Die KlientIn hat die alten Lösungen vielleicht ganz einfach vergessen, sie nicht mit der gegenwärtigen Schwierigkeit in Verbindung gebracht, gedacht, es funktioniere nicht, oder sie braucht einfach eine kleine Ermutigung, um es noch einmal zu versuchen. Unsere Arbeit ist wesentlich einfacher, wenn wir solche Beispiele aus der Vergangenheit finden und sie jetzt benutzen können. Wir können den KlientInnen helfen, daß sie

- sich auf das konzentrieren, was funktioniert,
- Details mitbekommen,
- Details ausbauen und erweitern,
- sich daran erinnern, wie es sich anfühlte, als es funktionierte.

Das sind alles wichtige Bestandteile der Möglichkeiten-Therapie und Aspekte, die sie von einem Pathologie-Fokus abgrenzen. Und, wie wir schon sagten, wenn wir an etwas denken, das auf eine Art funktionierte, wie wir uns das wünschten, wenn wir uns darauf konzentrieren, in Gedanken darüber sind, es planen, uns erinnern, wie toll es sich anfühlt, darüber reden, dann ist es wesentlich einfacher, dieses spezielle Verhalten auch zu zeigen, als wenn wir darin steckenbleiben, wie übel die Lage ist, wie übel wir sind oder wie hart unsere Vergangenheit war.

Beispiele

KlientIn: Ich kann halt einfach nicht rechtzeitig ins Bett gehen.
TherapeutIn: Sagten Sie nicht, daß Mickey Ihnen dabei vor langer Zeit einmal geholfen hat?

KlientIn: Was ist los mit mir, daß ich auf diese Weise mit meiner Mutter kämpfe?
TherapeutIn: Sie sagten, daß Ihr Bruder mit ähnlichen Kämpfen mit Ihrer Mutter zu tun hatte. Wie ist er davon losgekommen?

KlientIn: Es fühlt sich scheußlich an, wenn das wiederkommt.
TherapeutIn: Sie sagten, daß Sie deswegen schon einmal eine Therapeutin aufgesucht haben. Was taten sie zusammen, was half?

4.6 Kompetenz finden

Definition

Kompetenz finden – Finden Sie die Bereiche der KlientInnen, in denen sie Kompetenz, Interesse und Freude erleben, lassen Sie sich diese Bereiche sehr detailliert beschreiben, heben Sie sie besonders hervor und bauen Sie sie aus.

Begründung

Jeder ist in irgendwas gut, auch wenn es nur etwas Kleines sein mag, wie die Fertigkeit, Geschirr abzuwaschen, oder etwas „Pathologisches", wie sich andauernd wertlos vorkommen trotz äußerer Beeinflussungsversuche! Wir finden, was immer wir können, und nutzen es.

Wir können KlientInnen helfen, Zuversicht und Wohlgefühl zu entwickeln, das sie in Situationen empfinden (sogar in den „negativen" Beispielen), in denen sie kompetent und effektiv sind. Sie können auch nützliche Metaphern, Strategien, Quellen der Inspiration und praktische Hilfe aus diesen Bereichen ziehen und sie auf gegenwärtige Schwierigkeiten anwenden.

Beispiele

KlientIn: Ich fühle mich hilflos, sein Denken zu verändern.
TherapeutIn: Haben Sie mir nicht erzählt, daß Sie ein erfolgreicher Werbeprofi waren, sehr kreativ? Wie könnten Sie einiges von dieser Werbekreativität nutzen, um sein Denken zu verändern?

KlientIn: Ich hänge den ganzen Tag einfach nur 'rum und die Lehrer sagen, daß ich für nix gut sei.
TherapeutIn: Deine Mutter sagt, Du spielst in einer Band mit. Wie bist Du in Musik so gut geworden, daß Du in einer Band mitspielen kannst?

KlientIn: Ich halte jeden von mir fern. Niemand kann nahe an mich herankommen.
TherapeutIn: Das heißt, Sie Sie sind gut darin, sich zu schützen und abgeschieden zu halten. Wie kriegen Sie das hin?

4.7 Kompetenz ausweiten

Definition

Kompetenz ausweiten – Helfen Sie den KlientInnen, ihre Kompetenz aus einem anderen Lebensbereich auf den Problembereich zu übertragen.

Begründung

Offensichtlich ist diese Methode mit der vorhergehenden verwandt, aber anders als einfach die Kompetenz einer Person herauszufinden und hervorzuheben, helfen wir hier dabei, diese Kompetenz auf das Problem anzuwenden. Dies kann eine direkte Übertragung von Fertigkeiten beinhalten, zum Beispiel wenn eine VerkäuferIn ihre Verkaufsfertigkeiten dazu nutzt, ihrem Sohn in der Schule zu helfen, oder, bildhafter, wenn ein erfahrener, aber scheuer Wanderer sich vergegenwärtigt, daß eine Verabredung zu treffen dem ähnlich ist, seinen Weg durch unbekanntes Gelände zu finden.

Wir heben die Bereiche besonders hervor, in denen die KlientInnen kompetent sind und wir bauen Brücken für den sanften Transfer der Information. Dies kann den Gebrauch von Metaphern ebenso einschließen wie konkrete praktische Vorschläge.

Beispiele

Klient: Ich hab's aufgegeben – mit Joan klappt nichts.
TherapeutIn: Wie würde ein Top-Angestellter wie Sie eine Arbeit retten, die nicht vorankommt? Wie können Sie die gleichen Fähigkeiten nutzen, um Ihre Ehe vor dem Bankrott zu retten?

KlientIn: Meine Mutter und ihr Bruder kabbeln sich andauernd.
TherapeutIn: Sie leiten einen Tageskindergarten – wenn Sie zwei Kinder sehen, die miteinander kämpfen, wie helfen Sie denen, um besser miteinander klarzukommen?

KlientIn: Er wird nie auf mich hören und wenn ich versuche, etwas zu sagen, mache ich es nur noch schlimmer.
TherapeutIn: Sie sind doch gut im Schreiben – was wäre, wenn Sie ihm einen Brief über das schreiben, was Sie sich wünschen?

4.8 *Wer oder was kann noch helfen?*

Definition **Wer oder was kann noch helfen?** – Fragen Sie ganz direkt nach Ressourcen in der Umgebung, oder schlagen Sie sie vor.

Begründung ERICKSON war ein Meister darin, Ressourcen in der Gemeinde ausfindig zu machen. Er kannte Ladenbesitzer und Kinder und alte Leute, Leute, die eine Vielzahl von Fähigkeiten und Interessen hatten, und er brachte KlientInnen, wenn erforderlich, in Kontakt mit ihnen. Auch wenn wir nicht unbedingt in so einer naturwüchsigen Gemeinde wohnen, gibt es eine Reihe von Wegen, KlientInnen mit nützlichen Ressourcen bekannt zu machen. Die einfachste Möglichkeit ist die, KlientInnen zu fragen, wer helfen könnte. Es ist auch nicht gegen die Regeln der Kunst, KlientInnen mit Gemeinde-Ressourcen bekannt zu machen und sie anderen Leuten vorzustellen, von denen Sie wissen, daß sie ihnen helfen könnten. Selbsthilfegruppen sind das bekannteste Beispiel, aber es gibt darüber hinaus viele andere Ressourcen, die Sie nutzen können. Wo würden Sie selbst hingehen oder wen würden Sie aufsuchen, wenn Sie mit einem ähnlichen Anliegen wie Ihr Klient oder Ihre Klientin zu tun hätten? Die Antwort auf diese Frage könnte Ihnen einen Hinweis darauf geben, was Sie Ihren KlientInnen vorschlagen könnten.

Beispiele *Klient:* Ich muß diesen Biologiekram lernen, und das macht überhaupt keinen Sinn für mich.
TherapeutIn: Wen kennen Sie, der sich damit auskennt und der helfen könnte? Vielleicht können Sie mit jemandem ein Tauschgeschäft machen, der sein Fahrrad repariert haben muß, was Sie gut können.

Klient: Das erscheint alles so einsam, wo Shirley jetzt gegangen ist.
TherapeutIn: Eine meiner Freundinnen, die sich isoliert fühlte, fand es hilfreich, morgens immer im Restaurant um die Ecke zu frühstücken, einfach um ein paar vertraute Gesichter um sich herum zu haben. „Laurel's Küche" ist ein netter Ort, waren Sie schon `mal da?

Klientin: Ich werde nie einen Freund finden.
Therapeut: Als meine Tochter darüber frustriert war, weil sie auf der Schule keinen Freund fand, hat ihr meine Frau vorgeschlagen, aufmerksam eine ihrer Freundinnen zu beobachten, die klasse flirten konnte,und herauszufinden, wie sie die Jungs anmachte. Wen kennen Sie, der wirklich gut darin ist, einen Freund zu kriegen.

4.9 Wie kommt es, daß es nicht noch schlimmer geworden ist?

Definition

Wie kommt es, daß es nicht noch schlimmer geworden ist? – Bitten Sie KlientInnen, Ihnen zu erklären, was sie davon abgehalten hat, noch tiefer in ihr Problemmuster zu geraten.

Begründung

Probleme dauern nicht ewig, und bei den meisten Leuten sind sie nicht so groß geworden, wie sie hätten werden können. Nach den Begrenzungen eines Problems zu fragen, unterstreicht für die KlientInnen, daß sie über gewisse Grenzen und Kontrollmöglichkeiten verfügen, und kann Ihnen Hinweise liefern, wie sie dafür sorgen, daß die Dinge nicht noch schlimmer werden – eine andere Quelle für Ressourcen oder Lösungen.

Beispiele

KlientIn: Ich kann nicht glauben, wieviel ich wiege.
TherapeutIn: Wie kommt's, daß Sie nicht noch mehr Pfunde draufbekommen haben? Ich meine, ich kenne Leute, die haben mehr Gewicht drauf als Sie, und ich bin sicher, Sie kennen auch solche Leute. Also, wie kriegen Sie das hin, nicht noch mehr zu wiegen?

Klient: Ich hatte das Gefühl, Sie gleich wieder zu schlagen.
TherapeutIn: Wie haben Sie sich schließlich beruhigt und mit der Gewalt aufgehört?

KlientIn: Ich krieg's nicht hin, mit dem Hasch aufzuhören.
TherapeutIn: Wie haben Sie es geschafft, nicht auf härtere Drogen zu kommen?

4.10 Das Ende finden oder das Muster stoppen

Definition

Das Ende finden oder das Muster stoppen – Fragen Sie KlientInnen, wie Sie mit dem Problem aufhörten oder was sie begonnen haben zu tun, als das Problem verschwand oder nicht mehr auftrat.

Begründung

Manchmal können wir keine guten Beispiele für Ausnahmen finden oder für frühere Kompetenz, Lösungen zu finden. Dann fragen wir KlientInnen danach:

- Wie das Problem verschwindet.
- Wie sie da raus gekommen sind.
- Wie sie damit aufhörten.
- Was sie begonnen haben zu tun, wenn das Problem nachließ.
- Was sie begonnen haben zu tun, als das Problem verschwand.

Dies gibt uns oft Ideen darüber, welches Verhalten, das sie unter ihrer Kontrolle haben, wir ermutigen sollten.

Beispiele

TherapeutIn: Was tun Sie, wenn die Depression nachläßt, was Sie kaum oder gar nicht tun, wenn Sie deprimiert sind?
KlientIn: Ich gehe häufiger aus dem Haus, rufe meine Freundinnen an und fange damit an, mich nach einem Job umzusehen.

TherapeutIn: Was haben Sie gemacht, was geholfen hat, die Kopfschmerzen etwas schneller zum Verschwinden zu bringen?
KlientIn: Nun, wenn ich dahin komme, regelmäßig meine Übungen zu machen, auch wenn ich das dann langsam machen muß, dann scheinen sie früher wegzugehen.

TherapeutIn: Was läßt Sie wissen, daß er kurz davor ist, mit seinem Anfall aufzuhören?
KlientIn: Er fängt an, mich vom Boden aus anzusehen, und er hört damit auf, seine Fäuste zu ballen.
TherapeutIn: Und was machen Sie, wenn Sie diese Anzeichen sehen?
KlientIn: Ich fange an, sanfter mit ihm zu sprechen, anstatt ihn anzuschreien.

Kapitel 5
Das Handeln ändern

„Wir sind keine Dinge, sondern Muster, die andauern."
Norbert WIENER

Einführung

In vielen Fällen haben wir, wenn wir zu diesem Teil kommen – das Verhalten verändern, das mit dem Problem zu tun hat –, tatsächlich den größten Teil der therapeutischen Arbeit getan. Wir haben geholfen, Veränderungen in der Art zu entwickeln, wie die KlientInnen denken, fühlen und sich selbst erfahren, die Welt und die Schwierigkeiten, die sie zu uns brachten. Das ist eine ganze Menge!

Das ist so, weil wir schon eine Vielzahl kleiner Interventionen gemacht haben, die den Veränderungsprozeß in Gang gesetzt haben. Was bleibt, ist, Veränderungen in spezifischen Verhaltensmustern aufzulisten und vorzubereiten. Einmal fragte jemand Bill auf einer Konferenz: „Denken Sie, daß Veränderungen während der Therapie sich aus dem ergeben, was innerhalb der Sitzungen passiert oder aus dem, was außerhalb des Therapiezimmers passiert?" Und Bill erwiderte: „Ja." (Deshalb nennen wir ihn Herrn Einbeziehen [Mr. Inclusion])! Dieses Kapitel handelt überwiegend davon, Veränderungen außerhalb des Therapiezimmers zu unterstützen und zu erleichtern. Die Methoden des Muster-Auflistens und Hausaufgaben-Gebens, die in diesem Kapitel zur Sprache kommen, sind besonders geeignet, den Veränderungsprozeß außerhalb der Sitzungen fortzusetzen.

Weil wir uns oft auf das konzentrieren, wie sich Menschen verhalten und was sie sagen, wird uns oft vorgeworfen, wir seien Behavioristen. Wir Behavioristen? NEIN!

Anders als Behavioristen gehen wir davon aus, daß es da eine Menge bedeutsames Zeug gibt, das sich im Innern der Leute abspielt, Zeug, das sich schon vorher verändert hat und das sich wieder ändern wird. Wir wissen, daß das Verändern von Gedanken, Denkmustern und Erfahrung das Verhalten von Menschen verändern kann. Aber wir wissen auch, daß Verhalten eben auch das ändern kann, wie Menschen denken und fühlen. Das gleiche gilt für Worte, Kontext, Licht und die Chemie des Gehirns. Wir sind bereit, in jeden dieser Bereiche zu intervenieren, wenn es unseren KlientInnen hilft, dahin zu kommen wo sie hin wollen! Verhaltenstheorie ist für uns, wie jede andere Theorie – ein

Blickwinkel, der in bestimmten Situationen nützlich sein kann. In anderen Situationen kann er genauso gut ein Hindernis sein.

Wir betonen Handeln, weil ihm leicht auf der Spur zu bleiben ist. Und es kann relativ einfacher durch direkte Anstrengungen verändert werden als Gefühle oder Erfahrung. Wir fahren auf die Idee ab, daß Leute nicht durch die Art festgelegt sind, die sie jetzt zeigen, sondern ein Leben in Mustern leben – einige neurologische, einige physiologische, einige kognitive, einige Aufmerksamkeits- , einige affektive, einige interpersonale und einige Verhaltensmuster. Das Hervorheben des Handelns gibt uns eine Menge Ideen darüber, wie und wo wir unsere Veränderungsbemühungen bündeln können.

5.1 *Muster kartographieren*

Definition

Handlungs-Muster kartographieren – Wir fragen sehr detailliert nach Mustern, die mit der Schwierigkeit zu tun haben – wie, wo, wann und mit wem die Schwierigkeit auftritt.

Begründung

In der gleichen Weise, in der wir KlientInnen dazu brachten, „die Schwierigkeit in Videosprache zu beschreiben", untersuchen wir jetzt – in Videosprache – das Muster der Handlungen und Ereignisse, die die Schwierigkeit tragen und umgeben.

Die meisten Schwierigkeiten beinhalten eine Abfolge von Gedanken und Handlungen sowie kontextuelle Hinweise, die alle eine Rolle spielen, die Schwierigkeit am laufen zu halten. Wenn wir einige – und nicht nur einen – Punkte finden können, wo wir eingreifen können, werden wir mit höherer Wahrscheinlichkeit die Schwierigkeit aus dem Takt und die KlientInnen zurück auf die Spur bringen können.

Beispiele

KlientIn: Ja, ich möchte daran arbeiten, an diesem Kämpfen.
TherapeutIn: Gut, was taten Sie, als das Kämpfen begann – was war das erste, was Sie sagten? Was sagte er dann? In welchem Zimmer waren Sie? Wie spät war es? Hat es gewöhnlich eher in der Nacht stattgefunden?

KlientIn: Ich weiß nicht, die Stimmen kommen einfach.
TherapeutIn: Und wenn die Stimmen kommen, ist es gewöhnlich nachdem Sie eine Auseinandersetzung mit Ihrer Mutter hatten und danach alleine zuhause sind?

KlientIn: Ja, das Einschlafen, das ist das wirkliche Problem.
TherapeutIn: In den Nächten, in denen Sie Schwierigkeiten haben, einzuschlafen, lassen Sie uns ein paar Stunden vor dem Zubettgehen anfangen – was tun Sie, um dazu bereit zu sein?

5.2 Vergleichen und unterscheiden

Definition

Vergleichen und unterscheiden – Vergleichen Sie Zeiten, in denen die Schwierigkeit auftritt, mit denen, wenn sie nicht auftritt, und betonen Sie dabei die Verhaltensweisen, die die KlientInnen kontrollieren.

Begründung

Dies kann sehr früh in der Sitzung geschehen – als ein wertvoller Weg, zugleich Informationen zu sammeln, das Problem zu würdigen und nachhaltigere Bilder problemfreier Zeiten aufzubauen. Besonders wichtig ist es, Handlungen zu unterstreichen, die KlientInnen ausgeführt haben, sowohl verbal wie nonverbal, nicht um sie ihnen vorzuwerfen, sondern um Ansatzpunkte für Veränderung zu finden. Manchmal tauchen auf diesem Weg Informationen auf, die nicht aufgetaucht wären, wenn ausschließlich nach Lösungen oder ausschließlich nach Problemen gefragt würde.

Beispiele

KlientIn: Meine Depression ist es, woran ich arbeiten will.
TherapeutIn: Gut, erzählen Sie mir von einem typischen Tag, an dem Sie deprimiert waren, das erste, was Sie am Morgen tun, dann vergleichen Sie das mit einem Tag, an dem Sie sich besser fühlen und weniger deprimiert.

KlientIn: Tja, ich schätze, ich kann einfach keinen Job behalten.
TherapeutIn: Sie erwähnten, daß Sie einmal eine Arbeit den ganzen Sommer durchgehalten haben. Nun möchte ich, daß Sie dies mit dem letzten Job vergleichen, den Sie nicht behalten haben. Was waren die Unterschiede, was taten Sie in den beiden Situationen?

KlientIn: Ich hasse diese Sauferei!
TherapeutIn: Was ist anders in den Zeiten, in denen Sie nicht saufen? Vergleichen Sie, was Sie an den Tagen tun, an denen Sie nicht saufen und vergleichen Sie das mit den Sauftagen.

5.3 *In Muster intervenieren*

Definition

Entwerfe Interventionen in Muster – Intervenieren Sie in einige der kleinen Details auf dem Weg, wie ein Problemmuster abgespult wird, bis Sie eines entdecken, das das Muster verändert oder auflöst.

Begründung

Viele kleine, kumulierende Interventionen an vielen Stellen eines Problemmusters können ein sehr effektiver Weg sein, positive Veränderung auszulösen. KlientInnen sperren sich wahrscheinlich weniger gegen kleine Interventionen, und es ist wahrscheinlicher, daß sie sie ausführen. Und weil viele Schwierigkeiten eine Abfolge sich wiederholender Schritte beinhalten, bieten sich KlientInnen mehr Möglichkeiten und Gelegenheiten, sich selbst aus ihren eingefahrenen Gleisen zu befreien, wenn viele Interventionen eingesetzt werden.

Eine interessante wie hoffnungsvolle Beobachtung ist, daß das Problemmuster manchmal umso leichter aufgebrochen werden kann, je rigider und eingefahrener es erscheint, weil sogar eine kleine Veränderung die ganze Angelegenheit zum Kippen bringen kann.

Hier sind einige Vorschläge, wie sich Muster ändern lassen:

1. Verändern Sie Häufigkeit oder Rate der Klage oder des Klage-Musters.
2. Ändern Sie die Dauer der Klage oder des Klage-Musters.
3. Ändern Sie die Zeit (Uhrzeit/Tageszeit, Woche, Monat oder Jahreszeit) der Klage oder des Klage-Musters.
4. Ändern Sie die Intensität der Klage oder des Klage-Musters.
5. Ändern Sie einige andere scheinbar unveränderbare Bestandteile der Klage oder des Klage-Musters.
6. Ändern Sie die Sequenz oder die Reihenfolge der Ereignisse, die bei der Klage oder beim Klage-Muster eine Rolle spielen.
7. Unterbrechen Sie oder verhindern Sie auf andere Weise das Auftreten der Klage.
8. Fügen Sie der Klage ein neues Element hinzu.
9. Unterteilen Sie irgendein Element der Klage in kleinere Bestandteile.
10. Lassen Sie die Person die Klage ohne die üblichen Begleitmuster ausführen.

11. Lassen Sie die Person das übliche Klage-Muster ausführen, während der Anlaß der Klage nicht besteht.
12. Verkehren Sie die Bewältigungsanstrengungen während der Klage ins Gegenteil [Paradox].
13. Verknüpfen Sie das Auftreten der Klage mit einem anderen Muster, das als lästige Aktivität [Ordeal] erlebt wird*.
14. Ändern Sie das Körperverhalten oder den physischen Ausdruck der Klage.

Beispiele

KlientIn: Ja, den Wecker zu stellen, hat auch geholfen.
TherapeutIn: Okay, was halten Sie davon, sobald Sie bemerken, es geht mit dem Kämpfen los, stellen Sie den Wecker auf fünfzehn Minuten und dann setzen Sie sich auf den Boden, bis der Wecker klingelt. Wenn sie fragen, sagen Sie ihnen, jeder Arbeiter braucht eine Kaffeepause und Sie, als Mutter, nehmen sich nun die Ihre.

KlientIn: Aber was ist, wenn ich einfach wieder zu fressen anfange?
TherapeutIn: OK, das wird das Signal dafür sein, das folgende auszuprobieren: Das nächste Mal, wenn sie einen Freßanfall spüren, nehmen Sie eine Dusche, tragen Ihr Make-up auf, ziehen Ihr phantasievollstes Kleid an, und dann können Sie fressen, wenn Sie es immer noch wollen.

KlientIn: Ich werde meist so nervös, daß meine Stimme und meine Hände anfangen zu zittern.
TherapeutIn: Was halten Sie davon, wenn Sie üben, Ihre Stimme und Hände zittern zu lassen, wenn Sie keine Rede halten? Das könnte Ihnen in der kritischen Zeit mehr Kontrolle über diese Dinge geben, wenn Sie mehr Kontrolle brauchen.

*) *Anm.d.Hrsg.:* Der englische Begriff *ordeal* wurde von Jay HALEY in die strategische Therapie eingeführt. Er übernahm diese Idee von ERICKSON und schrieb u.a. ein Buch darüber: Jay HALEY *Ordeal Therapie*, Hamburg: ISKO, 1989

5.4 Das, was funktioniert hat, wieder nutzen

Definition

Das nützliche Muster, das funktioniert hat, wieder nutzen – Suchen Sie in der Vergangenheit nach dem, was funktioniert hat und lassen Sie die Person das wieder tun.

Begründung

Es ist völlig in Ordnung, alte Lösungen zu benutzen! Manchmal vergessen KlientInnen einfach, auszuprobieren, was früher funktioniert hat. Manchmal erkennen sie nicht, daß eine alte Lösung auf neue, geringfügig andere Probleme angewendet werden kann. Finden Sie heraus, was früher funktioniert hat, verknüpfen Sie das mit den aktuellen Schwierigkeiten und spezifizieren Sie dann, welche der Schritte die KlientInnen jetzt tun können.

Beispiele

KlientIn: Ich kann mit diesem verrückten Zeitplan einfach nicht umgehen.
TherapeutIn: Was ist, wenn Sie zu Ihrer alten Gewohnheit zurückkehren, früh aufzustehen und am Morgen eine Runde zu schwimmen, bevor Sie zur Arbeit gehen?

KlientIn: Ich fühle mich einsam und nutzlos, seit Richard gestorben ist.
TherapeutIn: Sie sagten, daß Sie früher oft mit dem Sierra Club unterwegs waren. Das könnte ein Weg sein, neue Freunde zu treffen und auch, etwas Gutes zu tun, während Sie die Dinge neu sortieren.

KlientIn: Ich war nicht in der Lage, jemanden zu treffen, seit ich den Abschluß gemacht habe und hierhergezogen bin.
TherapeutIn: Was halten Sie davon, hier einige neue Kurse zu belegen, da Sie doch eine Menge Ihrer alten Freunde über den Unterricht kennengelernt haben?

5.5 Aktionsplan mit Hausaufgaben

Definition

Aktionsplan mit Hausaufgaben – Arbeiten Sie zusammen daran, spezifische Aktionen zu planen, die die KlientInnen nach der Sitzung tun können.

Begründung

In diesem Schritt bringen wir alles zusammen. An diesem Punkt können TherapeutIn und KlientIn sehr genau werden, wenn sie Zeiten festlegen, Handlungen, das, was gesagt werden soll, und was auch immer am meisten hilfreich sein wird. Es könnte sinnvoll und nützlich sein, die KlientInnen einiges davon in der Stunde üben zu lassen.

Es ist wichtig, die Vereinbarung verbal und nonverbal zu überprüfen, um sicherzugehen, daß die KlientInnen das, was wir vereinbart haben, auch wirklich tun können und tun werden. Dies ist definitiv kein Willens-Wettbewerb, und es gibt nicht nur einen richtigen Weg beim Weiterkommen. Es ist ein einfacher Kontrakt, über den wir verhandeln, um die Dinge zu schaffen. Sofern Modifikationen nötig sind, um die Ziele zu erreichen, lassen wir uns sofort darauf ein und machen sie.

Beispiele

KlientIn: Sie fängt wieder an, sich über ihre Gesundheit zu beklagen.
TherapeutIn: Nun, wenn Sie am Dienstag mit Ihrer Mutter sprechen, sorgen Sie diesmal auf jede Ihnen mögliche Weise dafür, fast allem zuzustimmen, was sie sagt, einfach als ein Experiment, so daß Sie beide auf eine andere Art miteinander sprechen können.

KlientIn: Meine Mutter wird geschockt sein, wenn das Bett trocken ist.
TherapeutIn: Nun, dann kümmern wir uns um ein trockenes Bett zwischen heute und dem nächsten Termin, einfach um ein wenig Aufregung im Haus zu produzieren.

KlientIn: Und wenn es noch mal passiert?
TherapeutIn: OK, denken Sie dran, wenn die Hör-Halluzinationen wiederkommen, drehen Sie sofort die Stereokopfhörer laut auf Beatles-Musik, und falls die Seh-Halluzinationen diese Woche zurückkommen, werden Sie Ihren Bruder anrufen und mindestens 20 Minuten draußen mit ihm spazierengehen. Klingt das OK? Und machbar?

5.6 *Rückfall-Vorbeugung*

Definition

Nimm Rückfälle vorweg und plane Rückfall-Vorbeugung – Die Dinge laufen nicht immer so glatt, bedeutsame Veränderungen zu bewerkstelligen, und es ist in Ordnung, dies die KlientInnen wissen zu lassen. Machen Sie einfach klar, daß dies eine vorübergehende Erscheinung ist, daß der Veränderungsteil das ist, was schließlich zählt und daß die Dinge bald wieder zurück auf die Spur kommen werden.

Begründung

Der erste Kunstgriff bei dieser Methode ist es, sich selbst erfüllende Prophezeiungen zu vermeiden. Wir tun dies, indem wir annehmen, daß alles langfristig gut laufen wird und daß Schwierigkeiten ein normaler Bestandteil des Lebens und der Veränderungen sind. Innerhalb dieses Rahmens gibt es einige übliche Stolpersteine, auf die KlientInnen achten können, um ihnen auszuweichen oder sich aufzufangen, falls sie ins Straucheln kommen, so daß sie weitergehen können. Es ist in jeder Phase auch wichtig sicherzustellen, daß die KlientInnen keine unrealistischen Erwartungen über Dinge außerhalb ihrer Kontrollmöglichkeiten entwickeln – etwa darüber, wie eine andere Person fühlen sollte oder über ein Ereignis, das stattfinden sollte. Bleiben Sie dicht an den Gedanken der KlientInnen dran, an ihren Gefühlen und Handlungen, und es wird seinen bestmöglichen Gang gehen.

Beispiele

KlientIn: Aber was ist, wenn ich das vermassele?
TherapeutIn: Oh natürlich, das passiert manchmal, aber das ist eine normale Phase bei einer so bedeutsamen Veränderung wie dieser. Wir setzen nicht auf Perfektion, sondern ausschließlich auf Verbesserung.

KlientIn: Aber was ist, wenn ich wieder in diesen Depri gerate?
TherapeutIn: Jeder hat gelegentlich einen schlechten Tag. Manchmal machen Leute einen schnellen Ausflug zurück ins Depri-Land, um etwas aufzugreifen, was sie vergessen hatten, aber Sie haben gezeigt, daß Sie gelernt haben, eine Rückfahrkarte zu lösen, um dahin zu kommen, wo Sie hin möchten.

KlientIn: Heißt das, ich bin geheilt?
TherapeutIn: Hey, es ist mir nicht erlaubt, irgendein Happyend freizugeben, bevor nicht das letzte Kapitel vorbei ist.

5.7 Wissen, wann man aufhören muß

Definition

Wissen, wann man aufhören muß – Es ist OK, die Sitzung oder die Therapie zu beenden, sobald der Job getan ist! Wir gehen der Versuchung aus dem Weg, die Schwierigkeit immer noch einmal durchzukauen. Wenn es Klick macht und wir wissen, daß die KlientInnen den Punkt erwischt haben, hören wir an dieser Stelle auf!

Begründung

Dieses „wissen, wann man aufhören muß" ist ein weiterer Teil, der dieser Therapie ihre besondere Ausstrahlung verleiht. Fünfzig Minuten ist keine magische Größe. Es kann sogar sein, daß die TherapeutIn bereits nach einigen Minuten der Sitzung, während es sich im Kopf der KlientIn noch dreht, eine Reihe wichtiger Interventionen ausgeführt hat und sieht, daß es Zeit ist, hier zu beenden. Das ist kein Rennen, Geschwindigkeit ist kein Ziel, und es ist vor allem nichts, womit den KlientInnen Druck gemacht werden sollte, aber es ist auch nichts falsch dran, die Dinge zügig zu erledigen. Vergewissern Sie sich, daß die KlientInnen zufrieden sind und den notwendigen Abschluß haben. Machen Sie einfach nur nicht aus einer Art mißverstandener Konvention oder Höflichkeit heraus weiter oder weil es die Uhr sagt.

TherapeutInnen können auf vielfältige Weise über reguläre Sitzungen hinaus hilfreich sein. Manchmal ist ein Telefonanruf, um nachzufragen, ausreichend oder sogar von Vorteil, indem er den KlientInnen mehr Verantwortung und Stolz für das Erreichte überträgt, und ebenso die Kosten begrenzt. Rasch im Büro reinschauen oder jemand anderen mitbringen, kann es sein, was es gerade bringt. Manchmal tun es sogar Briefe oder andere Formen der Kommunikation noch besser. Monatliche oder unregelmäßige Termine können auch angemessen sein. Tun Sie das, was für diese KlientIn paßt.

Beispiele

KlientIn: Nun, ja, Ich glaube, ich kann das tun.
TherapeutIn: Nun, also OK. Was halten Sie davon, wenn ich Sie morgen früh um neun auf einen kurzen Sprung hier im Büro erwarte, und dann weiter jeden Morgen in dieser Woche, einfach um's jeweils kurz durchzuchecken?

KlientIn: OK, ich glaube, das wär's.
TherapeutIn: Das heißt, wir haben für heute alles durch? OK. Wir sehen uns in zwei Wochen.

KlientIn: Wissen Sie, ich habe schon alles verändert, was ich wollte und es hat nur drei Wochen gebraucht.
TherapeutIn: Nun, ich habe schon seltsamere Sachen erlebt. Sollen wir's einen Erfolg nennen? Sie können mich anrufen, wenn sich was anderes tut.

„Psychotherapie ist eine undefinierte Technik, die in unspezifischen Fällen mit unvorhersehbaren Ergebnissen angewendet wird. Diese Technik erfordert rigoroses Training.“

– Raimy (1950)

würden Sie gerne wiederkommen? Wenn Sie lieber wiederkommen möchten, ist Ihr Eindruck, daß ein Monat oder eine Woche oder mehrere Wochen oder mehrere Monate in Ordnung wären, um einen nächsten Termin ins Auge zu fassen? Wir geben Veränderungen gerne etwas Zeit, damit sie geschehen können, aber Sie lassen uns wissen, was für Sie in Ordnung ist."

Vor diese Wahl gestellt, wählen viele KlientInnen einige Wochen als ihren bevorzugten Zeitraum. Manchmal kommt es vor, daß wir einen etwas anderen Eindruck als unsere KlientInnen haben, und gewöhnlich sagen wir, was wir für einen angemessenen Zeitraum halten, nachdem die KlientInnen uns ihre bevorzugte Zeit gesagt haben. Besonders dann, wenn es sich um Verhalten oder Klagen hinsichtlich schwerwiegender Schädigungen handelt (Suizid, Mord, häusliche Gewalt, schwerer Drogen- oder Alkoholmißbrauch), laden wir zu fortgesetzten Treffen über den Zeitraum von einigen Jahren ein, aber es wird dann beträchtliche Zeitspannen zwischen den Treffen geben, wenn es aussieht, als liefen die Dinge gut.

Möglichkeiten-Therapie ist nicht immer kurz. Jede Person ist einzigartig, und es gibt keine Vorschrift, wie lange die Behandlung einer bestimmten Person dauern soll. Wir beginnen die Therapie mit der Annahme, daß sie kurz und effektiv sein wird, aber manchmal lehren uns die Leute, daß sie weder kurz noch effektiv ist. Und fluchen, wenn wir nicht genau hinhören! Manchmal lernten wir, daß es eine gute Idee war, sich mehr Zeit zu nehmen und mehr Sitzungen. Und manchmal ist es eine schlechte Idee. Die Person (KlientIn wie TherapeutIn!) könnte von Therapie abhängig werden, und dann wird es ein abträglicher Prozeß. Sie und wir können von einem klaren Fokus abgelenkt werden und erzielen keine Ergebnisse. Natürlich, manchmal ist es genau das, was gebraucht wird, um von dem Druck loszukommen, Resultate erzielen zu müssen. Aber achten Sie sorgfältig darauf, sich nicht selbst zum Narren zu halten. Langzeittherapie ist *per se* nicht notwendigerweise besser. Was besser ist, ist das, was respektvoll und effektiv ist.

Wer ist die ExpertIn: KlientIn oder TherapeutIn?

Wir stimmen nicht mit Ansätzen überein, die fordern, die KlientInnen seien die ExpertInnen im therapeutischen Prozeß und TherapeutInnen sollten ausschließlich interessierte, sorgende ZuhörerInnen sein. In der Möglichkeiten-Therapie sehen wir KlientInnen als ExpertInnen für ihr eigenes Leben an, für das, was sie plagt, und dafür, wie sie ihr Leben gerne hätten, wenn die Therapie erfolgreich ist. Und sie sind die ExpertInnen für ihre eigenen Werte. Möglichkeiten-TherapeutInnen beanspru-

„Psychotherapie ist eine undefinierte Technik, die in unspezifischen Fällen mit unvorhersehbaren Ergebnissen angewendet wird. Diese Technik erfordert rigoroses Training.“

– Raimy (1950)

Nach-Worte: Die nächste, allerdings nicht endgültige Grenze

Die Beziehung zwischen Kurztherapie und Möglichkeiten-Therapie

Möglichkeiten-Therapie ist in der Regel, aber nicht immer, kurz. Kurztherapie hat manchmal einen schlechten Ruf als „Heftpflaster auf einer klaffenden Wunde". TherapeutInnen, die mit längerfristigen Therapien vertraut sind, nicht auf Lösungen aufbauen und nicht eindeutig zielorientiert arbeiten, können sich nicht vorstellen, daß kurze Therapien respektvoll oder effektiv sein können. In diesem Buch haben wir zu zeigen versucht, daß beides möglich ist. Eine andere Quelle von Mißverständnissen, die in diesen Zeiten reglementierter Hilfen (managed care) und zunehmender Deckelung und Überprüfung durch Dritte* noch viel größer geworden ist, besteht darin, daß viele Leute Kurztherapie mit zeitbegrenzter Therapie verwechseln.

Zeitbegrenzte Therapie beruht auf der Idee, daß die Therapie effizienter sein wird, wenn TherapeutIn oder Versicherungsgesellschaft die Anzahl der Sitzungen vorschreiben (gewöhnlich 3 bis 20 Termine), weil beide, TherapeutIn und KlientIn, sich auf den Hosenboden setzen und loslegen, weil sie wissen, daß sie keine Zeit zu verlieren haben.**

Obwohl der Ansatz manches für sich hat, beruht er auf anderen Grundlagen als Kurztherapie, und wenn da ein Gedanke von

*) *Anm.d.Übers.:* Der Kontext, auf den die AutorInnen sich hier beziehen, ist die in den USA mittlerweile dominierende Organisation von Gesundheitsdiensten und professioneller psychosozialer Hilfe unter der Kontrolle von Managed Care Companies (Versicherungsgesellschaften). Die hier angesprochenen „Dritten" sind die Managed Care Companies, die die Kooperation der ersten beiden (KlientIn, TherapeutIn) nun eben „managen".

**) *Anm.d.Hrsg.:* Es gibt Untersuchungen und Befragungen, die verdeutlichen, daß KlientInnen dann am wenigesten von Therapie profitieren, wenn ihnen eben solche begrenzenden Vorschriften in Hinblick auf Sitzungszahl, TherapeutInnenwahl etc. gemacht werden. Darüber berichtet eine Umfrage, die der Consumer Report im Jahre 1995 in den USA durchgeführt hat. Literatur dazu finden Sie u.a. bei Robert HUTTERER im PsychotherapieFORUM, Suppl. 4(1), 1996 sowie bei Martin SELIGMAN („Die Effektivität von Psychotherapie..."), Integrative Therapie 2-3: 264-287, 1996

Zwang drinsteckt, kann das die Dinge manchmal ziemlich durcheinander bringen.

Kurztherapie ist Therapie, die auf klare, erreichbare Ziele fokussiert. Therapie wird dann zu etwas Ähnlichem wie ein Gang zu Ihrer HausärztIn. Sie gehen zu Ihrer ÄrztIn, wenn Ihnen etwas weh tut oder Sie sich Sorgen um Ihre körperliche Gesundheit machen, und er oder sie behandelt Sie (gewöhnlich in ein bis zwei Besuchen) in Hinblick auf das, weswegen Sie gekommen sind. Wenn's klappt, gehen Sie nicht weiter hin. Sie suchen sich Ihre ÄrztIn natürlich sorgfältig aus und hoffen dann, daß er oder sie respektvoll ist und weiß, wie man zuhört und imstande ist, Ihre medizinischen Probleme zu lösen und Sie mit seiner Behandlung nicht noch schlimmer dran sind als vorher. Die Beziehung, wenn überhaupt, entsteht durch die Behandlung. Sie verschwenden keine kostbare Zeit (und Geld) damit, Ihre Beziehung zur ÄrztIn auszuhandeln. Das trifft auch auf Möglichkeiten-Therapie zu. Und ähnlich wie bei Ihrer HausärztIn können Sie zu einem späteren Zeitpunkt wiederkommen, weil das Problem, weswegen Sie ursprünglich kamen, wieder aufgetaucht ist oder Sie ein neues Problem entwickelt haben. Nach einigen Fragen, um etwaige lebensgefährliche oder ernsthafte Sachen ausschließen zu können, wird die ÄrztIn zumeist damit fortfahren, dieses neue medizinische Problem als ein neues und eigenständiges zu behandeln. Wenn Sie mit einem gebrochenen Arm kommen, wird Ihr Arzt ihn röntgen und dann schienen. Wenn Sie im nächsten Jahr mit einem gebrochenen Bein kommen, wird er das Bein röntgen, es schienen und Sie Ihrer Wege gehen lassen, ohne das notwendigerweise mit dem vorangegangenen Armbruch in Verbindung zu bringen, außer um beispielsweise eine Degeneration der Knochen oder häusliche Gewalt als Ursache auszuschließen. In ähnlicher Weise wird Therapie manchmal zu Kurztherapie mit Fortsetzungen. Neue Themen können als eigenständig behandelt werden oder als Zeichen dafür, daß unsere bisherigen Interventionen nicht ausreichten oder andauerten.

Wie oft?

Wir sehen die Leute nicht immer einmal die Woche. Manchmal sehen wir sie anfangs für einige Wochen oder Tage hintereinander und dann, wenn sie gute Fortschritte machen, verlängern wir die Abstände zwischen den Sitzungen auf Wochen oder Monate. So lange wie sie auf der Spur bleiben, fahren wir damit fort, die Zeit zwischen Terminen zu verlängern oder wir beenden die Behandlung. Wie entscheiden wir über diese zeitliche Anordnung? Gewöhnlich, indem wir den KlientInnen Multiple-Choice-Optionen anbieten und sie bitten, eine auszusuchen. Wir sagen: „Denken Sie, daß wir getan haben, was wir tun sollten, oder würden Sie gerne wiederkommen? Wenn Sie lieber wiederkommen möchten, ist Ihr Eindruck, daß ein Monat oder eine Woche oder mehrere Wochen oder mehrere Monate in Ordnung wären, um einen nächsten Termin ins Auge zu fassen? Wir geben Veränderungen gerne etwas Zeit, damit sie geschehen können, aber Sie lassen uns wissen, was für Sie in Ordnung ist."

Vor diese Wahl gestellt, wählen viele KlientInnen einige Wochen als ihren bevorzugten Zeitraum. Manchmal kommt es vor, daß wir einen etwas anderen Eindruck als unsere KlientInnen haben, und gewöhnlich sagen wir, was wir für einen angemessenen Zeitraum halten, nachdem die KlientInnen uns ihre bevorzugte Zeit gesagt haben. Besonders dann, wenn es sich um Verhalten oder Klagen hinsichtlich schwerwiegender Schädigungen handelt (Suizid, Mord, häusliche Gewalt, schwerer Drogen- oder Alkoholmißbrauch), laden wir zu fortgesetzten Treffen über den Zeitraum von einigen Jahren ein, aber es wird dann beträchtliche Zeitspannen zwischen den Treffen geben, wenn es aussieht, als liefen die Dinge gut.

Möglichkeiten-Therapie ist nicht immer kurz. Jede Person ist einzigartig, und es gibt keine Vorschrift, wie lange die Behandlung einer bestimmten Person dauern soll. Wir beginnen die Therapie mit der Annahme, daß sie kurz und effektiv sein wird, aber manchmal lehren uns die Leute, daß sie weder kurz noch effektiv ist. Und fluchen, wenn wir nicht genau hinhören! Manchmal lernten wir, daß es eine gute Idee war, sich mehr Zeit zu nehmen und mehr Sitzungen. Und manchmal ist es eine schlechte Idee. Die Person (KlientIn wie TherapeutIn!) könnte von Therapie abhängig werden, und dann wird es ein abträglicher Prozeß. Sie und wir können von einem klaren Fokus abgelenkt werden und erzielen keine Ergebnisse. Natürlich, manchmal ist es genau das, was gebraucht wird, um von dem Druck loszukommen, Resultate erzielen zu müssen. Aber achten Sie sorgfältig darauf, sich nicht selbst zum Narren zu halten. Langzeittherapie ist *per se* nicht notwendigerweise besser. Was besser ist, ist das, was respektvoll und effektiv ist.

Wer ist die ExpertIn: KlientIn oder TherapeutIn?

Wir stimmen nicht mit Ansätzen überein, die fordern, die KlientInnen seien die ExpertInnen im therapeutischen Prozeß und TherapeutInnen sollten ausschließlich interessierte, sorgende ZuhörerInnen sein. In der Möglichkeiten-Therapie sehen wir KlientInnen als ExpertInnen für ihr eigenes Leben an, für das, was sie plagt, und dafür, wie sie ihr Leben gerne hätten, wenn die Therapie erfolgreich ist. Und sie sind die ExpertInnen für ihre eigenen Werte. Möglichkeiten-TherapeutInnen beanspruchen kein spezielles Wissen darüber, was der richtige oder gesunde Weg zu leben sei. Schauen Sie einfach, wie perfekt das Leben und die Familien irgendwelcher TherapeutInnen sind, die Sie kennen, und Sie merken, wir knacken an den gleichen Problemen wie alle anderen auch! Daher versuchen wir nicht, KlientInnen den rechten Weg des Lebens zu erzählen oder die korrekten Werte darzulegen, die es einzuhalten gelte.

Allerdings betrachten wir uns selbst als ExpertInnen für den Veränderungsprozeß, und wir verstehen diese wichtige Expertenschaft als den Grund, weshalb KlientInnen zu uns kommen. So sind wir glücklich darüber, Verantwortung zu übernehmen, Ratschläge zu geben, wenn wir danach gefragt werden oder es gerechtfertigt erscheint, und wir sind auch ganz glücklich damit, unseren KlientInnen einfach zuzuhören, wenn sie auf dem aufsteigenden Ast sind oder einfach jemand brauchen, der oder die ihnen zuhört.

Huch – mein Karma ist gerade über Dein Dogma gelaufen: Dieses Buch ist nicht reine Wahrheit

Es gibt heutzutage so viele therapeutische Sekten wie es charismatische TherapeutInnen gibt, die sie führen. Also weshalb sollten Sie der O'HANLON-Linie folgen? Sie sollten es nicht tun! Bill tut's nicht. Und Sandy tut's auch nicht. Lernen Sie einige der aufregenden TherapeutInnen kennen, die zur Zeit arbeiten – Lynn HOFFMAN, Peggy PENN, Michael WHITE, David EPSTON, Karl TOMM, Steve GILLIGAN, Ben FURMAN und Tapi AHOLA und eben auch Bill O'HANLON. Lesen Sie Milton ERICKSON und Jay HALEY. Halten Sie Ihre Augen offen. Lesen Sie den *Family Therapy Networker, The Journal of Systemic Therapies, Journal of Collaborative Therapies* und *Family and Brief Therapy Case Studies.**

Schließen Sie sich dem an, was mitfühlend ist und respektvoll und was funktioniert.

Und denken Sie daran, egal, wie typisch oder unveränderbar oder hoffnungslos ein Klient oder eine Klientin erscheinen mag,

jede/r ist eine Ausnahme!

*) *Anm.d.Übers.:* Die AutorInnen beziehen sich hier ausschließlich auf den englischsprachigen Kontext. Die LeserIn kann diese Aufzählung leicht gegen ihre eigene deutschsprachige Wahl auswechseln.

Überflüssige Witze

Fühlen Sie sich eingeladen, uns Ihre eigenen Beiträge für zukünftige Ausgaben zu schicken.

Wie viele Möglichkeiten-TherapeutInnen braucht es, um eine Glühbirne zu wechseln?

Vielleicht eine, vielleicht drei, vielleicht kann ein Freund helfen, vielleicht ist es hier drin schon hell genug.

Wie viele KurztherapeutInnen braucht es, um eine Glühbirne zu wechseln?

Nächster Scherz bitte!

Nun aber wirklich, wie viele KurztherapeutInnen braucht es, um eine Glühbirne zu wechseln?

Ich weiß nicht, aber sie können das blitzartig.

Wie viele Ericksonianer braucht es, um eine Glühbirne zu wechseln?

Das erinnert mich daran, als ich in der Schule war....

Wie viele Hypnotiseure braucht es, um eine Glühbirne zu wechseln?

Ich weiß nicht, sie wissen es nicht, Sie werden dimmer und dimmer ...

Wie viele Pathologie-fokussierte TherapeutInnen braucht es, um eine Glühbirne zu wechseln?

Glühbirnen sind nicht auswechselbar.

Wie viele Glühbirnen braucht es, um eine PsychotherapeutIn zu wechseln?

Die AutorInnen – im Kontext

Photo by Sandy J. Beadle

Bill in einem Konferenz-Center

Photo by Bill Kuhn

Sandy in einem Zedernsumpf

Über die AutorInnen

Bill: Ich spiele Gitarre, schreibe Songs, praktiziere Ehe- und Familienleben, praktiziere Psychotherapie, lehre Leute, wie sie Psychotherapie praktizieren können und schreibe Bücher. Ich lebe jetzt in Santa Fe. Ich bin ein Abweichler und stolz drauf.

Sandy: Ich interessiere mich dafür, wie Leute denken und lernen und ich werde meinen Master of Science machen, bevor der Michigan See zugefroren ist. Ich mag die nördlichen Kiefernwälder, PowerBooks, Seeufer, Zedernsümpfe, Bäche und Moore, Funktionale Neuroanatomie, Grafikdesign, Fisch, Schreiben, Spazierengehen, fremdartige neue Musik und mein wildes Sortiment warmherziger, großzügiger FreundInnen. Abweichend und stolz!

Raum für Notizen:

Raum für Notizen: